Una mirada amable

MARÍA MEIZOSO

Una mirada amable

Hacia una forma más compasiva
de tratarnos

Grijalbo

Papel certificado por el Forest Stewardship Council®

Primera edición: septiembre de 2025

Printed in Spain — Impreso en España

ISBN: 978-84-253-6638-3
Depósito legal: 12.031-2025

Compuesto en Promograff - Promo 2016 Distribucions, S. L.

Impreso en Black Print CPI Ibérica, S. L.
Sant Andreu de la Barca (Barcelona)

GR 6 6 3 8 3

A mi abuela María,
y a su corazón,
siempre en un puñico

Índice

Nombrar es imposible
y puede ser bello
intentar lo imposible.

Pero cada vez que hablamos
algo queda fuera de los nombres.

Cada palabra omite
la única parte única
de aquello que quiere decir.

Nombrar es olvidar
y hoy quiero recordar.

Quiero recordar que
no hay ni bien ni mal;
ni blanco ni negro;
ni arriba ni abajo,
ni lados ni costados:
ni hueco ni profundo;
ni límites ni centro;
ni género posible
que toque algo del mundo.

PABLO MESSIEZ, en la canción
«Nombrar es imposible» de Sílvia Pérez Cruz[1]

Escribir sobre la ternura es una empresa ardua. El riesgo de caer en el patetismo es elevado. Sin embargo, ¿cómo negar el hecho de que venimos de ella (y esperamos volver a ella tan pronto como sea posible)? Por difícil que haya sido nuestra llegada al mundo, al menos un gesto de ternura nos ha impedido marcharnos de él.

ISABELLA GUANZINI,
La ternura: La revolución del poder amable

Antes de empezar

Tratarme con amor fue el primer paso para poderte empezar a escribir. Y el amor requiere tiempo. Me he tomado tiempo suficiente para pensar sobre aquello que te quería ofrecer. Que te quiero ofrecer.

Este proyecto llegó a mí como una oportunidad de crecimiento completamente inesperada. Desde el principio me pregunté si era algo que iba a poder concluir y si podría mantener mi propia crítica *a raya*. Escribir sobre la crítica interna y la conquista de la ternura, a la vez que te criticas a ti misma, ya puedes imaginar que no es fácil. Cualquier cosa que intentemos hacer a la vez que nos juzgamos con dureza se vuelve más difícil. Sea cual sea la actividad. Tratarnos con hostilidad nos complica la vida, así de sencillo. Lo que no es sencillo es aprender, entonces, a hacer algo diferente con el propio trato.

Le he dado muchas vueltas a cómo acompañarte a conectar con el amor y la ternura que sé que mereces. ¿Cómo hablar del amor sin que esto se convierta en un algodón de azúcar? No he dejado de preguntarme cómo acercarte a la ternura desde la importancia y seriedad que también merece.

La capacidad de tratar amorosamente existe en ti, como también existe la capacidad de agredir. Ambas fuerzas tienen un sentido, y armonizarlas es esencial a la hora de acercarnos a una vida de equilibrio psíquico-emocional.

La intención principal de este libro es poder acercarnos a un mirar más amable. Por supuesto, el músculo de la mirada amable necesita entrenamiento. Mi declaración de intenciones es que no vamos a hablar solo de una ternura blandita y sin energía. Más bien, nos acercaremos juntas a esa mirada tierna que nace de estar conectada con tu propia potencia.

Bienvenida al encuentro con el trato tierno y vivo.

MIRAR AMABLE Y CONDICIONES BÁSICAS DE SEGURIDAD

Una mirada amable no es una mirada falsa o distorsionada. Es una mirada que pretende ser compleja y abarcar las distintas realidades internas y externas. El énfasis en lo amable se debe a la inclusión del amor en la mirada. La inclusión no es limitación. La mirada amable busca el amor ahí donde se encuentra, sin negar todo lo demás que en esa realidad también exista.

Disponer de una forma amable de mirar nos facilita conectar con un mayor bienestar vital y acercarnos a momentos —*momentitos*— de plenitud, o al menos de cierta paz.

No alcanzamos la felicidad —si es que alguien sabe lo que eso significa—, pero sí podemos aproximarnos a sentirnos con la capacidad de estar presentes y con apertura a los instantes que la vida nos ofrece. Nutrición imprescindible para poder sostener también todo lo doloroso que, a la vez, la vida nos trae.

Ahora bien, para que esa mirada amable sea posible, necesitamos de unas condiciones básicas de seguridad. Para mirar con amabilidad, nos lo tenemos que poder permitir. En contextos de inseguridad —física, emocional, relacional o estructural—, la capacidad de sostener esta mirada se verá, por suerte, disminuida. Digo por suerte porque lo protector, cuando todo es difícil, no es mirar amable: el psiquismo lo sabe. Cuando la supervivencia está en juego, mirar amable es secundario. Para nuestra biología, lo importante es sobrevivir. Y eso hacemos. A veces con un coste inmenso de sufrimiento. El proceso de conectar con la ternura pasa en un primer momento por: o bien (1) evaluar que no hay peligro, o, si lo hay, (2) asegurar que nos encontramos en una posición de suficiente seguridad a pesar de ello.

Lo anterior no quiere decir que no haya personas con una increíble capacidad de ver el amor en la vida aun en situaciones verdaderamente trágicas. Sin embargo, nunca podemos exigirle esta mirada a un ser humano que sufre. Podemos ofrecérsela con la mano tendida, siendo más importante la mano tendida que la invitación de mirada. Sin encuentro humano auténtico, no caben miradas amables.

La mirada amable es solo posible cuando algún tipo de vinculación —honesta y genuina— persiste.

El camino que vamos a recorrer juntas

Una mirada amable es lo que necesitamos para poder conectar con la propia. Esa mirada tierna de un familiar, de una profesora, de una figura importante para nosotras. Una mirada amable para activar ese entendimiento hacia lo que, en la experiencia directa, la ternura es. Esa imprescindible para entender desde el cuerpo qué es eso de tratarnos de una forma más compasiva. En el caso de que sientas que no ha habido muchas de ellas, deseo que este libro sea una mirada amable que puedas llevarte para activar la propia. Si, en cambio, lo tierno ha abundado en tu vida, esta es una mirada amable más. Nunca sobran.

A lo largo de este camino, vamos a explorar *en voz alta* la pregunta: «¿Juicio o ternura?». Que en el fondo no es más que: «¿Seguro o inseguro?». Estoy segura de que hay partes de ti que podrían defender ambas posturas. Mirar y vivir defensivamente tiene sentido. Mirar y vivir amorosamente, también. Estamos aquí para ver juntas si esa segunda opción es posible para ti ahora. Ojalá que sí. Te la mereces. Todas nos la merecemos.

Comenzaremos por la forma de mirar, ya que no podemos tratar con amabilidad aquello que no podemos mirar con cariño. «Si me juzgo entera, me costará quererme cuidar. Si te juzgo entera, me costará quererte cuidar». El juicio no es muy amigo de los cuidados. Mirar amable como primer paso para tratar amable.

Después profundizaremos en la importancia de ser mirada y su relación con nuestras necesidades humanas básicas y nuestro mundo emocional. Exploraremos qué es eso que llamamos la crítica y qué capacidad de cambio tenemos al respecto: su flexibilidad potencial. Llegaremos a ver juntas cómo es ser tú y pensaremos sobre algunas ideas para cultivar un trato más amable hacia ti misma y las demás personas, siempre teniendo en cuenta tu propia historia. Cerraremos acercándonos al mundo de las dinámicas relacionales y a ese futuro posible que se abre, en el que activar la mirada amable que mereces.

ALGUNAS ACLARACIONES

1. Acercarnos a una mirada amable es cultivar la ternura y la compasión. La ternura es un concepto más amplio que se refiere a esa disposición emocional cálida, de cuidado y cariño hacia las demás (y hacia una misma). La compasión incluye esa misma actitud tierna en presencia de dolor. En ella hay implícito un deseo de aliviar el sufrimiento, sea propio o ajeno. Cuando nos tratamos con ternura ante la activación de nuestro propio malestar, lo llamamos autocompasión.

La investigadora pionera en este ámbito, Kristin Neff, ha definido la autocompasión (en la terminología de este libro, la mirada amable) como una actitud compuesta por tres elementos: la amabilidad, la atención plena y la humanidad compartida.[2] Aquí, sin embargo, he decidido no centrarme únicamente en la autocompasión porque entiendo que la ternura implica una forma de estar un poco más amplia: no necesita de dolor para existir.

2. Verás que cambio de términos constantemente para referirme a esa mirada amable a la que pretenderemos aproximarnos aquí. Esto es porque, para mí, ninguna palabra abarca exactamente eso a lo que nos acercaremos en este camino juntas, y, a la vez, el entramado de todas ellas se le aproxima. Por eso hablaremos de trato tierno, de autocompasión, de ternura, de amabilidad y similares. Mi intención no es hacer de diccionario y ofrecerte una definición exacta de cada uno de esos términos. No pretendo ser fina con los conceptos, así que no te quedes con ellos. Probablemente muchos no sean acertados. En cambio, pretendo ofrecerte estimulación cognitiva y emocional suficiente para que puedas ir conectando con lo que la idea de mirar amable signifique para ti. Mi intención es poder llegar a algún lugar dentro de ti. Ese lugar que entiende cosas sin necesidad de comprender las palabras exactas. No son las palabras lo que queda, sino un entendimiento más profundo de algo que sucede en ti.

No es un libro para ser estudiado. Es un libro para *pasar por el cuerpo*. Ojalá de él te lleves, más que palabras, una sensación a la que volver. Te vas a encontrar con pocas verdades, cuento con poco de eso. Quizá, y ojalá, te lleves muchas preguntas propias. Hay una verdad profunda y amorosa que habita en ti. Está llena de ternura y también de potencia. Es la única que necesitas. Esa sí es una verdad que sé. Gracias por atreverte a explorarla juntas.

3. Dependiendo del modelo de psicoterapia con el que te topes, encontrarás distintos conceptos hablando de lo que hay dentro de ti. Pero no te preocupes, todas hablamos de las mismas cosas, ofreciendo aproximaciones posibles mientras nos pensamos como humanas. A lo que me refiero, aunque quizá suene evidente, es que las palabras que utilizamos desde distintas profesiones para poder hablar de la experiencia humana no son la verdad. Son un intento de acercarnos a algo que se parezca a una verdad suficiente. Al hilo de esta *verdad suficiente,* aprovecho para contarte que a lo largo del libro utilizaré el concepto «suficiente/suficientemente», según fue introducido por el psiquiatra y psicoanalista Donald W. Winnicott al hablar de la idea de «madre suficientemente buena», para referirme a aquello que, sin ser perfecto, basta para nuestro bienestar (citado más adelante).[3]

Voy a hablar desde una perspectiva integrativa relacional, en la que ponemos el foco en cómo nuestras experiencias vinculares moldean quienes somos, considerando las necesidades humanas básicas —entre ellas, ¡la mirada!— como aspecto central en la configuración de nuestro psiquismo.

A pesar de mis estudios como psicóloga sanitaria y de toda la literatura que he podido consultar, todo lo que leas estará basado —y limitado— por mi experiencia personal y profesional. Esto implica que, a lo largo de la redacción de este texto, he tenido que tomar muchas decisiones acerca de lo que para mí es relevante, y es probable, por no decir seguro, que aspectos importantes de la compasión y la crítica hayan quedado fuera de aquí.

4. Por otro lado, no conozco otra manera para conectar con la ternura que todas llevamos dentro que la que pasa por entrar en contacto con nuestra historia. Esto significa que, a lo largo de la lectura, te irás encontrando con preguntas que pretenden hacerte entrar en contacto con la tuya propia. E implica, a su vez, que puedas encontrarte con experiencias dolorosas para ti. Tómate tu tiempo para leerlo y descarta cualquier propuesta de revisión interna que no se sienta bien en este momento. El primer acto de autoamor será cuidarte en lo que sí tiene sentido para ti ahora y lo que quizá necesite esperar. Sáltate los párrafos o páginas que consideres, aparca la lectura si es necesario y pide acompañamiento psicológico si lo necesitas. Este libro de ninguna manera sustituye la terapia psicológica.

5. Todo el texto está escrito en femenino genérico. No quiero que las mujeres os sintáis incluidas, quiero que os sintáis directamente interpeladas. Eso no quiere decir que sea un libro exclusivamente para mujeres. Habla de la experiencia humana. Sin embargo, está escrito desde mi realidad como mujer blanca, cisgénero y heterosexual: desde la humana que soy. Me disculpo de antemano por las partes de la experiencia humana, inherentemente diversa, que haya podido dejar fuera. En el caso de no encontrar aquí lo que necesites, deseo de corazón que puedas seguir buscando el lugar donde tu experiencia se sienta nombrada y recogida.

1

La mirada aprendida

Imagina que un día, al levantarte y abrir los ojos, pudieras ver unas lentes pegadas a tu globo ocular. Algo así como si pudieras ver la pestaña de búsqueda de un navegador al que le has puesto unos filtros para afinar los resultados correctamente. No sé tú, pero yo, si pudiera verlos como tal, probablemente pensaría: «¿Por qué hay unos filtros predeterminados hoy? ¡Si yo no los he puesto!». Algo así como que yo quería levantarme, abrir los ojos y poder ver lo que sea que tuviera enfrente tal cual. Sin embargo, la realidad se parece más a abrir los ojos y no ver ningún tipo de lente, pensando que lo que vemos al mirar es todo lo que hay. Y sin embargo, esos filtros no dejan de moldear eso que vemos cuando miramos.

La forma de mirar la realidad depende de nuestra historia y de las conclusiones a las que fuimos llegando a lo largo de ella. Iremos perfeccionando nuestra forma de mirar con base en aquello que vayamos experimentando y en la forma en la que nos puedan acompañar en eso que experimentamos (con mayor importancia que lo vivenciado).

En cualquier escena vivida por una misma o por las demás personas, la forma en la que esa experiencia sea atendida y narrada repercutirá en las conclusiones finales a las que lleguemos con respecto a esa situación concreta. Primero, nos narrarán las experiencias otras personas (en el mejor de los casos); después, seremos nosotras quienes narremos nuestra historia con mayor o menor influencia de mirada.

Tomar conciencia de cuáles son esas conclusiones a las que fuimos llegando en la estructuración de nuestro psiquismo nos ayudará a poder intuir de qué van las lentes con las que nos levantamos cada mañana, para poder preguntarnos si todavía nos sirven o si las necesitamos ajustar.

Parte del trabajo en este camino juntas va a tener que ver justamente con ponerle consciencia a esa selección automática de búsqueda que nos lleva de forma sistemática a las mismas conclusiones sobre nosotras mismas, las otras personas y el mundo. La forma que tengas de mirar influirá de manera directa en tu capacidad de adoptar una actitud tierna hacia ti misma y las demás personas. Según hacia donde tiendan las interpretaciones que hagas de la realidad, será más o menos seguro permitirte la ternura. Esto quiere decir que poder acercarnos a un estar más tierno pasa por prestar atención a nuestra mirada y por revisar cómo esta se ha ido configurando a lo largo de nuestra vida.

Te propongo que exploremos qué es eso de mirar de una u otra manera y cómo impacta en tu vida. Veremos juntas cómo la forma en la que tiendes a hacerlo *tiene un sentido*. Y, por lo tanto, plantearnos trabajar sobre la propia mirada —para acercarnos a una forma más compasiva de tratarnos— pasa necesariamente por entender el sentido que tiene hacerlo tal cual lo hacemos en el momento presente.

Cuando hablemos de *mirar* no estaremos hablando solo de mirar, sino que, mirando, estamos a la vez viendo (percibiendo) e interpretando simultáneamente. En esa interpretación de lo que vemos entran distintas voces posibles: voces más amables o juiciosas.

MIRAR LA REALIDAD SIMPLIFICÁNDOLA O ABARCANDO SU COMPLEJIDAD

Constantemente estamos emitiendo juicios sobre la realidad. No la captamos *tal cual es*, sino que nos acercamos a comprenderla siempre mirando a través de las lentes que hemos confeccionado a medida que hemos ido creciendo. Dependiendo de cómo haya sido nuestro desarrollo —y de cómo hayamos sido nosotras mismas miradas—, tenderemos a interpretaciones más o menos polarizadas y/o distorsionadas de la realidad.

En general, narrarnos la experiencia incluyendo su complejidad suele estar más cerca de la salud, entendiendo esta como el correcto funcionamiento de nuestro organismo para adaptarnos a los escenarios de la vida. La realidad tiende a ser rica en matices, por lo que una mirada que abarque su complejidad tiene más probabilidades de encajar como una verdad suficientemente ajustada a la experiencia vivida. Las simplificaciones excesivas nos llevan a conclusiones distorsionadas de los hechos, que reproducen la idea infantil de que el mundo puede dividirse en buenos y malos, entre aquello que está completamente bien y aquello que está definitivamente mal. Sin embargo, el 90 por ciento de lo que acontece —un porcentaje que me invento— no cabe en esa simplificación. Lo que no quiere decir que no haya realidades completamente injustas que se presten a ser entendidas en esos términos.

Por lo tanto, dentro de lo que podemos considerar en cuanto al aprendizaje de la forma de mirar, estará la posibilidad de mirar el mundo simplificándolo o abarcando su complejidad. Por supuesto, no podemos pedirnos una mirada compleja en etapas tempranas del desarrollo en las que esta mirada no corresponde. Poder ver el mundo partido en dos forma parte del correcto desarrollo de los individuos. Separar lo aparentemente bueno, positivo, agradable, justo, de lo aparentemente malo, negativo, desagradable, injusto, nos permite ordenar nuestro psiquismo y nos facilita asegurar nuestra supervivencia.[4]

Sin embargo, a medida que vamos creciendo, lo esperable es que esa forma de mirar pueda ir evolucionando con nosotras. Un indicador de salud psicológica en la edad adulta tendrá que ver con la capacidad de darnos cuenta de que nuestras interpretaciones están vinculadas a nuestra historia y que, precisamente por ello, no siempre están ajustadas a la realidad —y nunca lo están al cien por cien—. Dependiendo de la magnitud del dolor experimentado a lo largo de la vida, y del sostén recibido para integrar todo ese dolor, podremos dejar entrar cambios en la forma de mirar con mayor o menor facilidad.

¿Cuáles son los básicos de la realidad?

Imagina a una niña o un niño mirando su realidad, haciendo un gran esfuerzo por entender su funcionamiento. Mira, observa e intenta sacar conclusiones. Y en ese proceso de ir recogiendo información para esbozar *los básicos de su realidad*, va a terminar sacando determinadas conclusiones esenciales en la estructuración de su psiquismo:

1. **«¿Qué puedo esperar de las otras personas?** Cuando me pasan cosas (dentro y fuera de mí), ¿qué hacen las personas de mi alrededor? ¿Me prestan atención? ¿Me cuidan? ¿Se dan cuenta? ¿Aciertan? ¿Lo intentan? ¿Les interesa? Cuando no solo me pasan cosas, sino que hago cosas, ¿qué ocurre? ¿Me dan amor? ¿Me animan? ¿Me regañan?».

2. **«¿Qué puedo esperar del mundo?** Este mundo en el que he nacido ¿es un lugar peligroso? ¿Es seguro? ¿Divertido? ¿Amenazante? Y en esta investigación en la que me hallo, por supuesto, no solo tengo la

experiencia directa —no es solo la realidad con la que me encuentro—, sino también la realidad que me cuentan».

3. «**¿Qué consideración puedo hacer de mí misma?** En este escenario de personas de las que espero/no espero cosas y de un mundo más o menos peligroso, yo ¿qué tal soy? ¿Qué dicen las demás de mí? ¿Qué veo en su mirada hacia mí? ¿Quién soy? Y en ese quién soy, para poder saber algo, como no sé nada, de nuevo, ¿quién soy para ti?».

Así, a medida que crecemos, vamos sacando conclusiones de aquello que podemos esperar. Tratando de escapar de la incertidumbre y la impredictibilidad, vamos haciendo nuestro esquema general de cómo esperamos que funcione nuestra realidad; efectivamente sobre la base de cómo ya haya ido funcionando hasta ese momento.[5] Si te apetece, puedes revisar cuáles dirías que son las conclusiones a las que tú has llegado ante esas tres grandes preguntas (sobre ti misma, las demás y el mundo).

Simplificar la realidad tendrá que ver con funcionar siempre basándonos en esas respuestas. En cambio, considerar la complejidad se parecerá más a conocer nuestras conclusiones internas, comprender de dónde vienen —incluso ver su utilidad—, a la vez que las ponemos en duda dejando entrar nueva información que tenga la oportunidad de desconfirmarlas.

¿QUÉ ES LO QUE NECESITA SER ATENDIDO?

Un aspecto que tendrá que quedar registrado en nuestro mapa de instrucciones de la realidad será la pregunta: ¿qué es lo que necesita ser atendido en una escena específica? ¿Qué es lo más importante? Lo que no puede perderse de nuestra atención. Es decir, ¿qué destaca en determinada escena frente a qué? Esto, claro, dependerá también de aquello que hayan destacado nuestras figuras de referencia en nuestros contextos concretos. ¿Qué es lo que más atención recibe generalmente en esta familia? ¿El acierto, el error, lo que falta, lo que hay? Y dentro de eso atendido, ¿se acoge amablemente o se señala con cierta hostilidad hacia las otras, una misma o el mundo?

Imagina que llegas a casa con las notas del trimestre. En esa escena, podrías encontrarte con reacciones diversas:

- Una familia que típicamente pondría la atención en la nota más baja, pero acogiéndote con calidez: «Cariño, veo que mates ha sido la asignatura más difícil para ti este trimestre, ¿necesitas que te ayudemos con algo para mejorar?».
- O, en cambio, una familia que típicamente señalaría esa nota con hostilidad: «Tu única labor es sacar buenas notas».
- Puede que otra familia dé excesiva importancia a las buenas notas que has sacado y que haga una pompa

muy grande, mandándote un mensaje claro: «Esto es lo importante: ser excelente académicamente».

- Imagina ahora que, en lugar de las notas exactas, pudieran devolverte algo con respecto a tu trabajo. «Me he dado cuenta de que este trimestre has hecho todos los deberes de mates, sé que te estás esforzando. Aun así, es una asignatura difícil, ¿verdad?».

Más allá de quedarte con los ejemplos exactos, que no tienen mucha importancia, te invito a revisar en cada uno de ellos el aprendizaje sobre qué es lo que necesita ser atendido en las escenas de la vida. El punto importante es que el conjunto de todas las experiencias vividas y cómo se reaccionó a ellas harán que tu atención se dirija prioritariamente a unos elementos en detrimento de otros y que las interpretaciones de la realidad que hagas también tengan una tendencia específica. Por lo tanto, una parte del trabajo de la toma de conciencia con relación a la forma de mirar tendrá que ver con la revisión de la propia historia.

«¿Tiene sentido para mí que mi tendencia sea interpretar la realidad de esta manera? ¿Es una forma de mirar que me es familiar? ¿O en cambio no relaciono mi forma de mirar con ningún aspecto de mi historia o de las personas de mi alrededor?».

Esta es una invitación a preguntarte qué formas de mirar observas en tus figuras de referencia o en personas importantes para ti. Hay partes que tendrán que ver con tu familia, partes que tengan que ver con otros entornos significativos y otras que tengan un sentido sociohistórico y cultural. Tratarse amablemente en este mundo es un auténtico milagro.

¿Cómo ha de ser atendido?

Por otro lado, también será importante captar cómo *debe* —supuestamente— atenderse la realidad, con base en cómo se haya respondido a la forma natural y espontánea de mirar que traíamos al mundo: llena de curiosidad, también de prudencia instintiva.

¿Se daba importancia total a lo que atendías?

¿Se te devolvía una emoción intensificada, con susto?

¿O en cambio se ignoraba aquello que llamaba tu atención?

¿Se alimentaba tu curiosidad?

Las preguntas aquí son infinitas. El caso es que, según se nos haya acompañado en el proceso de *prestar atención* y en el de dar significado a aquello que llamaba nuestra atención, nuestra forma de mirar se inclinará en una u otra dirección.

Imagina la escena en la que una niña ve una mariposa, la señala buscando la mirada de su padre y...

- Su padre no percata ese momento.
- Se encuentra con la mirada alegre que busca: «¡Hala, una mariposa!».

- Se encuentra con la cara de susto de su padre: «¡Cuidado, no la toques!».

Claro que ninguno de los ejemplos anteriores genera un impacto suficiente una única vez. Pero ¿y si esa es la tendencia? ¿Si eso es con lo que esa niña suele encontrarse en sus interacciones con el mundo? ¿Impactará la forma en la que se acerque a la realidad? ¿Tendrá influencia en su curiosidad? ¿En su seguridad? Seguro que se te ocurren más preguntas que hacerte.

Te pongo otro ejemplo. Ahora prueba a traer esta otra escena a tu mente. En esta ocasión eres tú. Eres pequeña (imagina una edad que sientas suficientemente segura para ti) y te acabas de tropezar y caer. Ante eso:

- No hay nadie contigo.
- Hay alguien cuidando de ti que se asusta extremadamente y viene hacia ti gritando.
- La persona responsable de ti se acerca con cuidado y te dice con voz tierna: «¡Qué susto!, ¿verdad? ¿Te duele, cariño? Estoy aquí contigo».

Mira a ver si es posible para ti imaginar cómo te sentirías en cada una de esas situaciones. Igual que antes, una única escena como la anterior no tiene por qué dejar huella. Sin embargo, si cada vez que *te caías* de forma real o metafórica, no había nadie contigo física o emocionalmente, o al revés, había alguien cuya emocionalidad era tal que no podía sostener la tuya, es probable que eso siga teniendo un impacto en la forma en la que hoy en día puedes *mirar* las experiencias que tienes enfrente de ti.

A veces habrá una confusión muy grande precisamente por recibir respuestas muy distintas ante escenarios similares. Algo así como: «Este contexto es impredecible, no hay forma de encontrar una norma que me haga entender por dónde pueden ir los tiros en un momento dado. Nunca sé con qué adultas me voy a encontrar». En cambio, si hemos contado el suficiente número de veces con una voz tierna que primero ha puesto palabras a nuestra experiencia y luego nos ha devuelto la sensación de seguridad, podremos acercarnos a la experiencia en la vida adulta desde una mirada más amable y segura.

2

Ser mirada

Podemos desarrollar una forma concreta de mirar solo porque antes hemos sido miradas. Dependiendo de cuánto y cómo hayamos sido miradas, esas grandes conclusiones sobre nosotras mismas, las otras y el mundo —que configurarán nuestra manera de mirarlo todo— tendrán unas u otras tendencias.

Nacemos como seres repletos de particularidades. En el proceso de convertirnos en la humana concreta que somos, iremos experimentando el mundo a través de nuestras relaciones. En ellas, se nos devolverá una mirada constante de lo que en nosotras es valorado o considerado motivo de vergüenza. Lo anterior en el mejor de los casos.

También podemos recibir una falla inmensa de mirada. Y dado que existimos a través de la mirada de la otra, «si no me pueden ver, será que no existo». Necesitamos definirnos. Para eso, mejor una mirada amable, amorosa de nuestro existir en el mundo. Sin embargo, mejor también una mirada hostil que una falta de mirada.

SER VALORADAS Y/O CRITICADAS

Imagina a una bebé recién nacida (siempre y cuando sea algo tolerable internamente para ti). Esa bebé tiene sus singularidades desde antes de nacer. Pero no solo eso. Antes incluso de respirar por primera vez, está llegando a un imaginario construido y entretejido por los psiquismos de las figuras de referencia que la van a recibir. Entonces llega, y de ella ya se están esperando cosas. De hecho, es probable que ya se hayan ido valorando o ignorando aspectos de quién es. Así que esa bebé, desde muy pronto, va a tratar de comprender qué aspectos de su forma espontánea de existir activan en sus cuidadores conductas de acercamiento o proximidad y cuáles activan más bien lo contrario, que sus cuidadores se muestren hostiles o, peor aún, desinteresados.

Desde tan pequeñita, ya va a ir captando lo que es valorable en ella, también lo que es criticable. Lo anterior, basándose —como te puedes imaginar— en aquello que resulte ser valorado por su entorno y lo que acabe siendo criticado. Esos aspectos —de alguna forma neutros, con los que venía al mundo— van a ser significados positiva o negativamente. Y sobre esta base necesitarán ser mostrados u ocultados. Tratará de hacer visibles y alimentar esas partes de sí misma que le ayuden a asegurar la satisfacción de sus necesidades. A su vez, habrá partes que simplemente incorpore por ser deseables para su contexto a pesar de no conectar con algo propio. De forma simultánea, intentará esconder lo máximo posible esos otros aspectos de sí misma que generen respuestas negativas en su entorno.[6]

Imagina que esa bebé, que ya es una niña, resulta ser muy participativa. Hace preguntas cuando le surgen, habla con soltura y facilidad. Piensa en lo diferente que se irá configurando la niña a la que se le refuerce lo valiosa que es su participación frente a la que se la avergüence por *ser una impertinente*. En principio, el atributo en sí mismo no tiene por qué ser ni bueno ni malo. En bueno o malo lo convertirá la mirada. En la mirada estará la crítica o el amor. O ese supuesto amor que dice querer proteger, pero que persigue y señala con dureza. Por otro lado, puede que esa niña no fuera participativa y comience a serlo una vez que se le haya devuelto el suficiente número de veces la importancia de esa cualidad.

Este *llevar aspectos hacia delante y relegar otros hacia atrás* en la configuración de nuestro psiquismo tiene un coste emocional y energético importante. Y en ese proceso es muy posible que podamos desarrollar determinados síntomas o poner en marcha modos de funcionamiento concretos que precisamente respondan a este intento de equilibrio.

Añadiendo aún más complejidad, en el proceso de comprender qué partes propias nos perjudican o benefician en un contexto determinado, nos podemos encontrar con información confusa o contradictoria. En primer lugar, porque la respuesta de las personas a cuyo cargo estamos puede ser inconsistente. Esto significa que puede que recibamos reacciones muy diferentes dependiendo del momento o de la escena específica. También podemos encontrarnos con que, en distintos contextos, se nos devuelva una imagen diferente de ese mismo atributo. O puede que la valoración de determinada cualidad sea la misma, pero que un entorno concreto se percate de esa cualidad, mientras que otro no lo haga.

En otras ocasiones, en cambio, la confusión proviene del hecho de que un aspecto señalado como negativo por nuestro entorno nos ayude a su vez a obtener precisamente parte de lo que necesitamos. El ejemplo típico de esto es el de la supuesta menor que *quiere llamar la atención*. Claro, a pesar de que reciba una mirada hostil o poco comprensiva por parte de muchas personas adultas de su alrededor, es muy probable que justo *atención* sea lo que anda necesitando, ya sea en forma de mirada, de contacto físico, de límites, etc.

El caso es que habrá una cantidad infinita de información relacional que iremos recogiendo —de forma explícita o implícita— y que necesitaremos ordenar para poder construir una idea más o menos coherente y consistente de quiénes somos a los ojos de las demás.

Falta de mirada

Según he formulado la idea de «ser valorada y/o criticada», se podría entender que los escenarios posibles son algo así como:

1. Haber sido, por lo general, valorada.
2. Haber sido mayoritariamente criticada.
3. Haber sido valorada en ciertos aspectos / por ciertas personas y criticada en otros / por otras.

Pero hay otra realidad posible, profundamente injusta, llena de dolor y de soledad. Hay muchas criaturas que no fueron suficientemente miradas. Esto no quiere decir siempre que no hubiera ojos alrededor. Lo que no llegó fue la atención, la sintonía y el asombro afectuoso de lo que esa niña o ese niño traía al mundo. Son personas a las que desde muy pequeñas les faltó la experiencia emocional de: «Me ven, me atienden, y eso me hace percatarme de mi propia existencia».

Necesitamos de las otras personas para saber que existimos. Cuando falta la mirada, no es solo el amor lo que falla, sino que se interrumpe la propia consciencia de existir, de sabernos alguien en el mundo. Y, con ella, no llega a ponerse en marcha la vivencia de tener la capacidad de impactar en las otras personas y en la realidad —como todo ser que existe—. Faltó una mirada que se *posara* el tiempo y las veces suficientes. Una mirada que se detuviera, que *se diera cuenta*.

Si leer lo anterior te hace conectar con tu propia historia, lo siento con todo mi corazón. Te merecías ser mirada, como todas las demás. Deseo que en la vida adulta puedas darte y encontrarte con experiencias suficientemente reparadoras para ti misma y la niña dentro de ti. Existes e importas.

SER MENTALIZADAS

Desde que llegamos al mundo, necesitamos que se nos devuelva una mirada —varias— de lo que somos y de lo que nos pasa. Es decir, es otra mente la que va ayudándonos a comprender eso que somos y eso que experimentamos. Es esa otra mente la que actúa como manual de instrucciones. Miramos para encontrarnos con esa mirada de vuelta que nos cuenta cosas de nosotras mismas, de las demás y del mundo. Necesitamos una mirada no solo que nos vea, también que nos pueda pensar.

Ser mentalizadas significa que otra persona —generalmente una figura de referencia— nos preste metafóricamente su mente para ir entendiendo nuestra existencia.[7] Buscamos, en la comunicación verbal y no verbal de quienes nos cuidan, un sentido a eso que nos pasa. Ese proceso de ser atribuidas estados mentales es lo que conocemos como mentalización.

Haber sido suficientemente bien mentalizadas nos habla de que las personas adultas de nuestro alrededor lograron, con cierta consistencia, intuir y ponerle palabras a nuestra experiencia interna, devolviéndonos una mirada relativamente ajustada incluso cuando no acertaban de forma completa.

«¡Uy, qué susto te has pegado!, ¿verdad?» en realidad significa muchas más cosas que vamos comprendiendo de forma experiencial con el paso del tiempo solo si, cuando el miedo aparecía, había alguien prestándonos su mente y poniendo a la escena palabras suficientemente acertadas.

«Todo esto que sientes ahora en tu cuerpo es un grupo de sensaciones que aparecen cuando algo nos sorprende. A veces, aunque aparezca el miedo, no hay un peligro real asociado. Otras veces sí lo ha habido, pero el riesgo ya ha pasado. El miedo se siente más tolerable cuando hay otras personas cerca que nos acompañan». Claro que no le diríamos eso a una niña o un niño que se acaba de tropezar y caer de culo, pero ese «¡Uy, qué susto!» dicho por alguien suficientemente regulado nos hace llegar la experiencia somática de que podemos sentir miedo y *sobrevivir*.

Según hayamos sido mentalizadas a lo largo de nuestra vida, se nos hará más o menos fácil poderle poner palabras a nuestro mundo interno y al de otras personas de forma ajustada —podernos mentalizar y poder mentalizar a las otras—. De nuestra historia dependerán nuestras dificultades a la hora de poder imaginar con la menor distorsión posible aquello dentro de una misma y de las demás.

FALLA TEMPRANA DE MENTALIZACIÓN

Para tratarnos de forma compasiva, vamos a necesitar ser capaces de mentalizarnos y desde ahí tratarnos con amabilidad. Todo esto, cuando ya lo han hecho con una a medida que nuestro psiquismo se iba desarrollando, sale más o menos fácil. «Me doy cuenta, le doy sentido a aquello de lo que me percato de mí misma y me ofrezco un trato amable acorde con mis necesidades (sin dejar de considerar las de las otras personas)».

En cambio, cuando no hemos sido mentalizadas lo suficiente o lo suficientemente bien, habremos aprendido a dar sentido a nuestros estados mentales y emocionales —y de las otras— *de aquella manera.* Es decir, habremos hecho una especie de apaño.

Dos formas en las que podemos ver la falla temprana de mentalización son las siguientes:

- Por un lado, podemos encontrar serias dificultades a la hora de atribuir estados mentales tanto a nosotras mismas como a las demás. En esta llamada ceguera mental, se vuelve muy difícil el acceso al mundo interno, a los matices emocionales, a las intenciones…; hay mucha literalidad. Es como si no se hubiera instalado el lenguaje de la mente. «Si nadie me dio alguna pista adecuada de cómo funciona mi mente y, por lo tanto, de cómo funcionan las mentes, ¿cómo voy a entender algo? Ese idioma nunca lo aprendí».

- Por otro lado, en el extremo contrario estaría la hipermentalización. En este caso hay una hiperatención hacia el mundo propio y el ajeno. Hay un exceso de atribución de estados mentales, generalmente de forma distorsionada. Se busca entender cada gesto, mirada, intención, y se vuelve muy difícil sostener cualquier tipo de duda o ambigüedad. Nos hace distorsionar la realidad y las interpretaciones que hacemos de ella. «Seguro que estás enfadada conmigo. He visto que mirabas a otro lado…».

Ambas dificultan la regulación emocional, la construcción de vínculos seguros, y disminuyen la capacidad de podernos tratar compasivamente.

SER DEPENDIENTES

Ser humana es *necesitar* en el contexto de una relación primaria.[8] Dependemos, durante un largo periodo de tiempo, de que otras personas adultas —con sus propias dificultades— satisfagan nuestras necesidades. Nacemos en un nivel de dependencia extrema, incapaces de sobrevivir por nuestra cuenta. Esto significa que, para que necesitar cosas sin podérnoslas asegurar directamente no sea una tragedia, nos las tenemos que intentar garantizar por vía indirecta. Y eso hacemos: nacemos en *modo adorable* para que, «querida persona adulta, tengas ganas de cuidarme». Lloraremos, sonreiremos, balbucearemos y haremos todo lo posible para activar los cuidados de las personas a cuyo cargo estemos. Esos cuidados —o falta de cuidados— irán configurando la persona que seremos. La persona que serás.

Nacemos con la capacidad de dolernos de que las personas responsables de nuestros cuidados no estén ahí para nosotras, de la misma manera y desde áreas cerebrales similares desde las que *nos dolemos* ante un daño físico.

Además, nuestro sistema de dolor social es plástico: tiene cierta capacidad de adaptarse a nuestro entorno específico.[9] Si a veces nos atienden, pero otras veces nos rechazan, puede que hiperactivemos nuestro sistema de dolor social para intentar reclamar los cuidados de nuestras figuras de referencia. Trataremos de amplificar la protesta y hacer más visible la angustia en un intento de conseguir que nuestras figuras de apego nos cuiden mejor. Esto estará relacionado con la hipermentalización que veíamos antes.

La hiperactivación del sistema de dolor social se vería algo así como: «Oye, tú que me cuidas, no entiendo por qué a veces sí estás y otras veces me abandonas. Lo que voy a hacer es aumentar mi respuesta de angustia para que la puedas captar y aumentar esas veces que sí estás. Te intento educar en mis propios cuidados».

En cambio, si sistemáticamente nos rechazan y nos desatienden, nuestro cerebro entenderá que quizá dolerse crónicamente sin descanso no tiene tanto sentido y, por lo tanto, tenderá a hipoactivar el sistema de dolor social (lo bajará de volumen). Cuando de forma reiterada se nos muestra que nuestro malestar no genera impacto en las personas responsables de nuestros cuidados, algo en el psiquismo comprende que seguir activándose sería dolerse sin descanso ni propósito.

La hipoactivación, entonces, se vería como: «Es tan grande el dolor de que me rechaces siempre, tan profunda la pena de que no me veas y tan poco probable que hagas algo diferente que quizá no tiene sentido dolerme tanto. Además, si me duelo tanto, ¿quizá puedas rechazarme más? Puede que, si no me duelo, pueda prevenir el abandono total y definitivo. Y si no me duelo, también cuido a mi cuerpo de un desgaste físico inmenso ante un estresor que no admite respuesta con impacto posible».

Lo anterior nos hará mirarnos a nosotras mismas, a las demás personas y al mundo de una manera determinada. También irá configurando nuestro sistema nervioso. La forma en la que nuestras necesidades sean atendidas desde muy temprano irá construyendo nuestra manera de mirar y percibir la realidad en la vida adulta. Si quieres y se siente bien para ti en este momento, puedes preguntarte hacia dónde dirías que tiende tu modo de funcionamiento y cómo repercute en la forma de acercarte a la realidad. Puede que ya te hayas reconocido en una de estas formas.

INTROYECCIONES

Dentro del proceso de ser miradas mientras estructuramos nuestro psiquismo, iremos introyectando voces externas (ideas, actitudes, creencias, formas de estar, etc.). Entendiendo «introyectar» literalmente como pequeñas inyecciones.[10] «Como si me hubiera pinchado una parte de mi padre, mi madre, mi abuela o de cualquier otra figura de referencia y sonara exactamente como si ellos mismos estuvieran hablando dentro de mí». Funciona como si fuera una grabadora. Vamos grabando voces importantes que se activarán siempre que nuestro psiquismo considere que necesitamos recordarlas. Es algo así como que, siendo pequeñas, nuestra mente sabe que no se puede permitir el intento de comprender todas las cosas que ocurren ni todo aquello a lo que le ponen palabras por nosotras. «Yo esto no lo entiendo, pero, bueno, si mi figura de apego lo dice, será verdad. Guardo esta información». El problema es que, cuando luego se activan, no vienen con su fuente originaria indicada —es decir, *no viene citada como de otra persona*—, ¡hasta puede que me piense que se me ha ocurrido a mí![11]

Introyectamos a diestro y siniestro: voces hostiles y, por suerte, también inyecciones amorosas. Aunque los introyectos provenientes de nuestras figuras de referencia tengan un poder especial, un pequeño momento con una persona desconocida también puede ser introyectado a un nivel de importancia suficiente. Son esos momentos en los que una se ve impactada por algo que alguien ha dicho o ha hecho. Y el psiquismo, aunque no siempre, hace algo así como: «¡Guau!, de esto me llevo un pedacito». Rescataremos todo lo que sea rescatable de escenas de amor y cariño de nuestra vida. Desgraciadamente, también nos llevaremos hostilidad y enjuiciamiento.

Uno de los motivos por los que la terapia psicológica funciona es porque podemos seguir introyectando a lo largo de la vida. En el mejor de los casos, con el cierre terapéutico una se lleva una parte de su terapeuta inyectada para seguir pensándose a sí misma a medida que avanza en la vida. Claro que la inyección no es literalmente «*aquello que mi terapeuta me devolvía*». Tiene más que ver con «aprender a acompañarme como mi terapeuta me acompañaba».

Lo anterior es clave porque en las *inyecciones* no van solo voces. Van modos de funcionamiento, formas de relacionarnos, maneras de tratarnos y, en general, formas de existir. Cuando hablamos de voces, estamos simplificando; todo introyecto es a su vez una experiencia somática.

MUCHAS *YOES*

Por otro lado, iremos sacando también nuestras propias conclusiones sobre nosotras mismas, las demás y el mundo. Es decir, además de que nos manden o no determinados mensajes sobre quiénes somos, al mismo tiempo llegaremos también a nuestras propias deducciones y entendimiento. No haber sido suficientemente mentalizadas nos hará llegar a conclusiones muchas veces distorsionadas. Cuanta menos mente adulta, más posibilidades de desajuste en la conclusión, sin desconsiderar los recursos internos de cada niña y niño y sus factores de protección intrínsecos.

De nuevo, cuando hablamos de conclusiones, estamos intentando simplificar. No es solo que concluyéramos cosas que ahora permanecen en nosotras, sino que, literalmente, dentro nos encontramos contenidas. Esto es, dentro de cada una están todas nuestras anteriores versiones.

Si miras dentro de ti, estás tú. Pero tú eres muchas *yoes*. Te contienes a ti misma. A aquella versión, con sus conclusiones internas, con los mensajes que le llegaron, con las emociones que sintió. Y a aquella otra versión, con sus otras conclusiones internas, sus otros mensajes que le llegaron y sus otras emociones que sintió. Así que, si miras dentro, te encuentras. Y en ese encontrarte, no estás solo tú. Estás tú en tus versiones antiguas, con tus modos de funcionamiento pasados. Y están otras (introyectadas).

Piénsalo un segundo. El cuerpo que habitas ahora es tu cuerpo de siempre. El mismo que ha experimentado las cosas más bellas y también más difíciles de tu vida. Que contenemos a nuestras anteriores versiones no es un decir. Es, literalmente, que aquella niña que fuiste es la que se ha convertido en la adulta de hoy. Esa niña, o niño, eres tú. Aunque ahora haya, además, una parte adulta propia que puede acompañarla.

A veces pensamos en nuestra infancia como si se tratara de la historia de una persona ajena. Como si fuera, de alguna forma, algo distinto a una misma. Piensa en cualquier cicatriz que tengas de niña. Esa cicatriz está ahí porque tu cuerpo lo vivió. Porque tú lo viviste. Todo esto ya lo sabes. Con el psiquismo pasa algo parecido: «Puedo conectar con esa niña que fui, con sus experiencias, anhelos, necesidades, deseos, porque literalmente fui yo».

Puede que te encuentres con la sensación de falta de recuerdos suficientes a la hora de acercarte a versiones anteriores a la presente. De hecho, cuando han faltado *mentes prestadas* es frecuente que así sea. Poder recordar como un cuento una escena concreta tiene mucho que ver con que, en el proceso de vivirla, alguien a su vez nos la pudiera narrar. También de que hayamos podido volver a relatar esas experiencias. Sin embargo, la falta de recuerdos no nos impide acercarnos a entender a la niña que fuiste y que aún existe.

SENTIDO DEL YO

Antes de ser miradas y mentalizadas por otra persona, no hay un yo. Al principio hay cuerpo y necesidades concretas: calor, alimento, ritmos biológicos, calma, contacto, ¡mirada! Las bebés viven en fusión con su entorno; nada de *tú y yo*. Es a medida que nos vamos desarrollando y nos vamos encontrando con la disponibilidad emocional —o no— de las personas a cargo de nuestros cuidados, que vamos empezando a esbozar vagamente una percepción interna de una misma como un ser separado del resto. Aunque sin identidad narrativa compleja, poco a poco el mundo interno empieza a hacer un intento de organizarse.[12] «Esta soy yo. Tengo conciencia de mi cuerpo y creo que también una idea aproximada de quién soy».

Te contaba al principio del capítulo que esa mirada o miradas con las que nos vayamos encontrando irán dejando una huella en cuanto a lo que se sienta valorable o criticable de una misma, y sobre esta base iremos configurando la persona que seremos. Nos organizaremos psíquicamente de la forma más segura para la supervivencia. Es decir, nos construiremos de tal forma que podamos asegurar nuestros cuidados. Por lo tanto, cuánto más *amor con condiciones,* más limitaciones en lo que estará o no permitido en la estructuración de nuestro yo.

Cuantos más introyectos *siendo tragados sin digerir,* marcando los requisitos para ser amada y las fronteras en las que ser abandonada, más restricción en el contacto con nuestra autenticidad. Es por ello por lo que acercarnos a nuestro sentido del yo real pasa por revisar nuestros introyectos y experiencias para *podernos diferenciar* de ellos y distinguir lo que es propio —incluso aquello que no lo es, pero con lo que decidimos quedarnos— y esas otras partes que se sienten no-nuestras. Tiene que ver con poder resignificar la propia historia y acoger a nuestras antiguas versiones; en ellas hay dolor, pero también mucha de esa autenticidad y esa espontaneidad a las que pretendemos acercarnos de forma flexible y compasiva.

3

Necesidades humanas básicas

Para entender nuestra forma de mirar, necesitamos acercarnos a la humana que somos. A su vez, comprendernos mejor como humana concreta pasa necesariamente por pensarnos primero como las *humanas genéricas* que también somos.

Sé que no suena muy especial.

Es lo que es.

Eres humana.

Y, como humana que eres, te pasan cosas que les pasan a las humanas.

Reconocernos como humanas —genéricas y específicas— puede facilitar que nos acerquemos a esa forma amable de mirar. Poder mirar amable pasa por comprender algunas cosas. Entender puede permitir impulsarnos con cariño dentro de lo que ser humana permite, sin exigirnos —ni a nosotras ni a las demás— movernos fuera de nuestras propias condiciones.

Dentro de las condicionas básicas de ser humana, hay una verdad inmutable: las personas necesitamos. Necesitar nos convierte en seres vivos. Además del típico: *los seres vivos nacen, crecen, se reproducen y mueren.* Necesitamos cosas como condición para seguir vivas. No podemos simplemente existir como lo haría una roca. Existimos desde el necesitar. No podemos existir sin más. Si vives, necesitas. Esto es, si vives, tienes necesidades básicas. Y, si eres una humana y vives, tienes necesidades humanas básicas. Hay necesidades asociadas al vivir y hay necesidades asociadas al vivir de forma humana.

Lo que sí podemos hacer, y hacemos a veces, es:

- Vivir como si no necesitáramos, haciéndonos las no-necesitadas.
- Vivir haciendo que necesitamos cosas diferentes a las que realmente necesitamos, dándonos cosas distintas a las necesitadas que nos satisfacen parcialmente.

¿No es un alivio saber que no podemos *no necesitar*? Solo desde ese reconocimiento podemos dejar de tratar nuestras necesidades como algo a extirpar para pasar a comprenderlas y vivir, a ser posible, acorde a ellas. Esto no es desconsiderar al resto. Tener en cuenta las necesidades humanas incluye considerar que el resto de las personas también las tienen y actuar acorde a este saber.

Seguro que te has escuchado a ti misma alguna vez diciendo la clásica frase de: «Yo lo que quiero es que no me importe X». Claro, cariño, pero te importa porque eres humana. La pregunta es qué haces con eso que te importa, sabiendo que sí o sí va a generar algún tipo de impacto en ti porque por suerte estás viva.

TERNURA: ALIMENTO PARA EL PSIQUISMO

Desde que nacemos hasta que morimos, la ternura es imprescindible. Nuestro cerebro es sensible a la presencia y ausencia de ella a lo largo de la vida. Necesitamos de ese acercamiento afectuoso para la estructuración de nuestro psiquismo.

La red neurobiológica que nos permite sentirnos a salvo en presencia de otras personas depende de esa mirada amable. En ausencia de ella, nuestro organismo tiende a activar los otros dos caminos de supervivencia disponibles: el modo lucha/huida o los estados de congelación. La ternura es literalmente un elemento regulador y restaurador que modula nuestro sistema nervioso, orientándolo hacia una percepción de mayor seguridad.

Cuando alguien nos mira tiernamente, nos habla con amabilidad o nos escucha con presencia, nuestro cuerpo responde; ha sido informado de que no hay peligro. Sin embargo, cuando ha habido heridas tempranas, esa misma ternura puede activar una respuesta de alarma en el organismo. Puede tener que ver con haberla anhelado sin encontrarla sistemáticamente, con haberla recibido de formas ambiguas o inconsistentes, o incluso con haber sido castigadas por necesitarla. En estos casos, habrá, con frecuencia, un dolor asociado a la mirada amable potencial, un daño vinculado al deseo innato de amor.

En esos casos —que son muchos—, acercarnos a una mirada amable requiere tiempo. Necesitamos ir creando un espacio suficientemente seguro para que esa ternura anhelada no active el dolor o la suspicacia, para que la ternura pueda sentirse segura. Al principio del libro te decía que el amor requiere tiempo. Y que yo me he tomado todo ese tiempo para poder escribirte. Tómatelo tú también. Permítete ir despacio a la hora de acercarte a esa mirada amable en la que profundizamos aquí.

¿QUÉ NECESITO, NECESITAS, NECESITAMOS?

Las personas tenemos necesidades humanas comunes —entre ellas, ser alimentadas con ternura—, que no quiere decir que necesitemos satisfacerlas de la exacta misma manera. De mi querido profesor Hugo[13] escuché por primera vez la idea de que las personas nos dolemos por los mismos motivos, aunque podamos hacerlo (*dolernos*) de forma distinta. Es decir, mismas necesidades tienen posibles formas de satisfacción diferentes, y también diferentes maneras de *mostrar síntomas* al no ser atendidas.

Una parte de ti ya lo sabe: las fibras humanas son comunes. Por supuesto, llegamos al mundo con particularidades propias que podrán requerir que la forma específica en que esa necesidad sea atendida sea distinta; sin embargo, las necesidades básicas seguirán siendo compartidas.

La teoría de la autodeterminación,[14] uno de los múltiples acercamientos posibles para entender nuestras necesidades, nos dice algo así como: «Existe en ti una orientación básica a buscar la satisfacción de tus necesidades, que son principalmente tres: competencia, autonomía y vinculación». Esta tendencia natural tiene mucho que ver con el mundo de las emociones, pero en eso entraremos más adelante.

Sé que necesitas más cosas —como beber agua para mantenerte hidratada—, pero podemos decir que esas serían las tres grandes necesidades psicoemocionales: competencia, autonomía y vinculación. Y, de hecho, se pondrán en juego también en la satisfacción de otras necesidades como podría ser esa misma hidratación: «Necesito que me ayuden a hidratarme amorosamente (vinculación) y, en un momento dado, necesitaré que las personas adultas de mi alrededor me dejen beber agua de un vaso yo sola (autonomía), a la vez que me siento capaz de hacerlo (competencia)».

Básicamente **necesitamos sentirnos:**

1. **Vinculadas:** sentirnos amadas, vistas, tenidas en cuenta, consideradas, respetadas, valoradas, mentalizadas, etc.
2. **Autónomas al nivel adecuado para cada momento evolutivo:** sentir nuestra existencia en libertad, con

la guía necesaria acorde a nuestro desarrollo, con capacidad de influir en lo que nos rodea, pudiendo elegir y reconociéndonos en eso que elegimos.

3. **Competentes:** sentir que hay aspectos que se nos dan bien, sentir que somos capaces de lograr cosas.

SOBRE ELEGIR ENTRE NECESIDADES

A veces estas tres necesidades no son fáciles de satisfacer de forma simultánea, aunque pueda parecer sencillo a simple vista. Dependiendo del contexto concreto en el que nos encontremos, es posible que la sensación interna sea la de tener que *elegir* entre necesidades.

Puede darse algo así como: «Tengo ganas de explorar hacia dónde quiero avanzar en mi vida y, sin embargo, me doy cuenta de que elegir mi propio camino (autonomía) puede resultar decepcionante para las personas de mi alrededor, que esperan que me decida por lo que ellas quieren para mí (vinculación)».

Por lo tanto, cuánto de compatible sea la satisfacción simultánea de nuestras necesidades básicas dependerá de nuestro contexto. No siempre tendrá por qué sentirse de un modo tan drástico como el anterior; aun así, no es raro que haya una parte interna que pueda percibirlo de esa forma. De hecho, es muy común que estemos de alguna forma inclinadas hacia uno de los lados. Es decir, que se dé una hipertrofia de la satisfacción de algunas de las necesidades, mientras que otras queden debilitadas.

Estamos hablando en términos generales, ya que este «sentir que tengo que elegir entre necesidades» forma parte de la normalidad de la experiencia humana. Tenemos que poder renunciar y priorizar, a veces. La pregunta es si podemos ser suficientemente flexibles a la hora de priorizar unas necesidades frente a otras o si tendemos a actuar sistemáticamente de la misma manera.

Es distinto priorizar de forma ocasional un proyecto profesional a eventos sociales/familiares que hacerlo una y otra vez. Y al revés, es diferente acceder de vez en cuando a encuentros con amigas que implican renunciar a un aspecto importante de tu individualidad de ese momento que ponerlos por delante en todas las ocasiones.

Te invito a preguntarte si en tu caso concreto tiendes a priorizar lo relacional frente a tu autonomía y competencia, o si más bien son estas últimas las que nutres en mayor medida, dejando en segundo plano lo vincular. Puede que detectes cierta inclinación, un absoluto precipicio o que no observes ninguna diferencia. Todo está bien, solo es una invitación a revisarte internamente.

También te animo a preguntarte, si tú quieres, si eso que observas en ti ahora tiene sentido en tu historia y de qué forma es así: «¿En qué momento de mi vida aprendí que este grupo de necesidades era aquel en el que tenía que centrarme principalmente?».

Por último, aunque su análisis escapa a lo abarcable en este libro, ¿qué necesidades dirías que nos invita a satisfacer la sociedad contemporánea occidental? ¿Hacia dónde somos empujadas a escorarnos?

FORMAS ADAPTATIVAS A ESCENARIOS DESADAPTATIVOS

Somos bastante increíbles a la hora de encontrar sustitutos posibles —o suficientemente buenos— para satisfacer nuestras necesidades. A medida que nos acercamos a la comprensión del funcionamiento humano, podemos observar la cantidad de formas que tiene nuestro psiquismo de garantizar su propia integridad, incluso en escenarios terribles. A veces lo hace a través de giros verdaderamente asombrosos. Nos vamos retorciendo para satisfacer nuestras necesidades en la medida de lo posible. Y, a menudo, eso nos lleva a enredos muy complejos. Enredos que, desde fuera, pueden resultar muy difíciles de comprender y, sin embargo, mirando hacia dentro, tienen un sentido hondo de existir.

Si nos paramos a observar de cerca cada giro específico, en cada momento concreto, en cada realidad particular, podemos encontrarle el sentido. ¡Incluso podemos comprender lo tremendamente coherente que ese giro resulta!

El ajuste del sistema de dolor social a nuestro contexto, del que hablábamos antes, implica adaptaciones necesarias que, en su contexto original, generaban más beneficios que inconvenientes. Sin embargo, eso no significa que no tenga consecuencias y tampoco que no repercuta negativamente en el desarrollo posterior. Este tipo de ajustes tendrán un coste emocional importante y dificultades asociadas en la vida adulta. Ese sería un ejemplo de *giro posible* en etapas tempranas: hiperactivar la angustia experimentada ante escenas vinculares o hipoactivarla, ambos como intentos protectores asociados a la supervivencia.

Esto también aplica a la forma en la que nos tratamos a nosotras mismas y a las demás. En relación con la crítica, a pesar de que con cierta distancia no parezca tener sentido tratarse así, si miramos de cerca, momento a momento, probablemente tuvo sentido en nuestra historia. Prestando atención, puede que podamos empezar a entender qué estaba intentando sostener ese trato hostil hacia ti misma (o las demás): «¿Qué cosas fueron ocurriendo para que yo acabara tratándome así?».

Claro que tomar conciencia de nuestros giros vitales no los desenreda mágicamente. Pero sí nos da información del sentido que tuvo en ese momento empezar a funcionar de determinada manera. Esa comprensión nos ayuda a entender qué era lo que estaba necesitando ser atendido para así poder buscar nuevas formas de hacerlo desde el lugar presente en el que nos encontramos.

En terapia hablamos con frecuencia de lo importante que es no quitarle a una persona sus formas de satisfacción de necesidades básicas sin haber construido antes alternativas sostenibles. Desde esta perspectiva, se entiende que los síntomas no son algo erróneo que está ocurriendo, sino algo que nos salva. Son intentos de supervivencia que pretenden sostenernos hasta que encontremos otras maneras. En otras palabras, nuestros síntomas serían un intento de solución adaptativo a un escenario desadaptativo. Una mirada hostil hacia una misma, las demás personas o el mundo sería un intento de adaptarnos a un entorno en el que esa crítica necesita existir. El trabajo interno pasa por comprender que la crítica cumplió una función psicológica. E implica negociar con esa parte de ti que necesitó existir para hacerle saber que otra forma más amable ya es posible.

ELECCIÓN CON BASE EN RECURSOS Y NECESIDADES SUSTITUTAS

El otro día observaba cómo Mimo, uno de mis gatos, se desesperaba por salir a la calle. Había algo de él que sabía lo que necesitaba, y eso no desaparecía porque yo le tratara de distraer. Interactué con él intentando ofrecerle una sensación agradable alternativa. Y, sin embargo, había algo dentro de él que no se olvidaba. Algo que lo re-empujaba a volver a intentar lo que necesitaba. Sabía que una caricia no era lo que quería. Necesitaba salir. Y, sin embargo, llegó un momento en el que algo de él se rindió y optó por otra solución: lo que más se le parecía a aquello que venía necesitando.

Con *lo que más se le parecía* quiero decir que la elección dependía de lo que hubiera disponible. Su elección fue ir a su torre rascador al lado de la ventana, que además estaba abierta, de forma que entraba el aire aunque él no pudiera salir. Veía lo que estaba fuera, olía lo que estaba fuera, le llegaba el aire fresquito de fuera, pero no estaba fuera él. Tuvo que renunciar al movimiento para poder nutrirse de otros aspectos. Si esa ventana hubiera estado cerrada, quizá hubiera elegido otro lugar. De nuevo, dependiendo de los recursos disponibles. Más adelante, puede que unas horas después, haría el intento de volver a salir. Si embargo, si no lo dejara salir nunca más, llegaría un punto en el que probablemente dejaría de intentarlo. Su psiquismo aprendería a no esperarlo más. Esto mismo hacemos las personas. Tanto en la búsqueda de las mejores alternativas posibles como en el rendirnos ante la imposibilidad sistemática de recibir algo que se parezca a lo que necesitamos (en ello se basa la hipoactivación del dolor social).

Además, cuando se trata de necesidades básicas, para el psiquismo va a ser más tolerable tener una manera poco adaptativa de satisfacerlas que el hecho de que no exista ninguna. Y, cuando digo poco adaptativa, me refiero a una forma a medias, que nos trae consecuencias negativas o que nos satisface parcialmente. Por lo tanto, dentro de los intentos de solución posibles, podemos tratar de encontrar alternativas que alivien la insatisfacción de las necesidades psicológicas básicas. Por ejemplo, tratar de acercarnos a un determinado canon de belleza para sentirnos vistas.

O quizá perseguir un sueldo elevado que nos haga sentir valoradas y reconocidas. Tiene mucho que ver con que lo puramente intrínseco, propio de la naturaleza humana, mute en extrínseco, alejado de lo que inherentemente necesitamos.

«A ver si con esta cerveza me quito la sed». Cuando en realidad necesito agua. De hecho, en unas horas, esa misma cerveza, por su contenido alcohólico, tendrá un efecto deshidratante. Con las necesidades sustitutas ocurre algo parecido: a pesar de tener cierto efecto inicial amortiguador, nos instalan aún más en la insatisfacción de la necesidad real. Y es que, precisamente porque pueda haber cierta capacidad de satisfacción de esa necesidad (insuficiente a largo plazo), es posible que persistamos en esa manera sin plantear o intentar nuevas formas que nos acerquen a un lugar de mayor bienestar.

4

Mundo emocional

Ser humanas es tener necesidades y también tener emociones que nos recuerden lo importante que es satisfacer esas necesidades básicas. Millones de años de evolución han refinado el hecho de que puedas sentir emociones y así puedas adaptarte mejor a tu entorno y asegurar tu supervivencia. Nuestro mundo emocional existe como respuesta a *necesitar.*

La existencia de nuestro mundo emocional no es un error ni tiene por qué ser un obstáculo. Las emociones están al servicio de la vida. Cada una de ellas tiene sentido si logramos ubicarla en el contexto de nuestras necesidades. Nos permiten integrarnos en nuestra realidad de la forma que asegure con mayor probabilidad que dichas necesidades se vean cubiertas (incluyendo, claro está, la conexión y comunicación con las demás personas). Por lo tanto, como fin último, las emociones nos sirven para tratar de sobrevivir. Sin emociones, tendríamos serias dificultades para orientarnos en el mundo. Sin ellas, estarías perdida. Y si has pensado en quedarte solo con las emociones agradables, tampoco se puede. Desconectarnos del mundo emocional nos desconecta en bloque: la vida no duele, pero tampoco conmueve.

Como quizá ya intuyes, la forma de mirar la realidad tendrá un impacto en tu mundo emocional. Esto es debido a que, aunque pueda resultar evidente, las emociones no se activan directamente de las escenas, sino de la interpretación consciente o inconsciente que hagamos de ellas. Lo anterior incluye el hecho de que cualquier pensamiento que nos venga a la mente tendrá la capacidad de hacernos sentir cosas, aunque, por suerte, podamos entrenar también la toma de distancia ante eso que aparezca.

EMOCIONES

Cada emoción está asociada a determinados niveles de activación fisiológica, a distintas sensaciones corporales y a diferentes tendencias a la acción.[15] Una tendencia a la acción es ese arranque asociado a una emoción específica. Es el impulso que nos invita a hacer algo con eso que sentimos. Las emociones incluyen una tendencia a la acción precisamente para activar esa búsqueda de satisfacción de *la necesidad.*

Por ejemplo:

- Sentirte alegre puede implicar una activación fisiológica moderada-alta, junto con sensaciones físicas de ligereza y tensión en los músculos de la cara —asociados a la sonrisa— y en las extremidades, además de una tendencia a la acción de aproximación a la fuente de alegría. Te invito a preguntarte cómo es para ti sentir alegría y si encaja con lo anterior o es distinto.

- Sentirte avergonzada, en cambio, puede invitarte a esconderte (tendencia a la acción), puede hacerte sentir calor en la cara y opresión en el pecho, con una activación media. ¿Cómo es para ti?

- Sentirte rabiosa te puede empujar a agredir o abandonar, con altos niveles de activación y quizá sensaciones físicas de tensión muscular general, aumento del ritmo cardíaco, respiración acelerada, etc. ¿Cómo sientes tú el enfado?

Es interesante revisar cómo es para cada una experimentar las distintas emociones atendiendo a estos tres criterios (activación fisiológica, sensaciones corporales y tendencias a la acción). No quiere decir que tengas que chequearlo ahora todo de golpe. Más bien es una invitación a llevarte contigo esos tres aspectos de las emociones para que puedas preguntarte acerca de ellos la próxima vez que detectes una emoción en ti.

Rabia

Quiero darle un espacio especial a la rabia por ser la emoción eternamente castigada para las mujeres. Odiaría contribuir con este libro a esa complacencia obligatoria que ya conocemos muy bien. Al acercarnos a este mirar más amable, corremos el riesgo de sacar la rabia de la ecuación. Como si fueran cosas contrarias. Algo así como: «Si siento rabia, no puedo mirar amable». Pero las miradas amables están vivas. Y por ello, una mirada amable saludable permite también sentir la rabia y actuarla agresivamente, si fuera necesario. Es esa que nos hace saber cuándo hay aspectos vitales que están en riesgo. Es la que defiende lo que es importante (¡cubre necesidades!). Así que este es el gran asterisco en la mirada amable que te propongo aquí: es una mirada amable que incluye la propia rabia y reconoce lo necesario de su existencia. La invitación es a poder reconocer tu rabia como una fuente de energía que te protege en este mundo para, precisamente, poder expandir la fuente de amor que también eres desde ese encuadre protector. Algo así como: «Amorosa con condiciones de respeto».

Solemos movernos en los polos de no permitir la rabia o experimentarla y expresarla de forma descontrolada. En ambos casos, lo más probable es que no nos hayan facilitado espacios donde poder experimentar la rabia de forma segura para una misma y para las otras personas. De hecho, son las dos caras de la misma moneda. Experimentar y expresar la rabia de forma descontrolada tiene que ver con no tener o conocer formas protectoras de descarga de esa rabia legítima que nos acerquen precisamente a eso que la rabia pretendía (a esas necesidades que venía a proteger).

En las salas de psicomotricidad, a las niñas y los niños se les dan alternativas para expresar la rabia. Algo así como: «No puedes pegarte a ti misma ni pegar a otros, pero sí puedes golpear con este churro de espuma en esta colchoneta con todas tus fuerzas». En el fondo el mensaje es: «Puedes descargar tu rabia, mereces poderlo hacer; ahora bien, vamos a hacerlo de forma protectora para ti misma, las demás personas y también todo lo que te rodea».

Descargar la rabia no siempre significa convertir la rabia en agresión. De hecho, ampliar nuestra conciencia es lo que nos permite observar nuestros arranques energéticos y decidir qué hacer con ellos, siempre observando la información que nos traen. Algo así como: «¿Agredo o no agredo?». Pues depende. Lo que no es opcional es la descarga.

Dar espacio a la propia rabia y descargarla es esencial para que no se vuelva en nuestra contra. Si no dejas que salga fuera de formas protectoras, girará hacia ti. Es muy fácil que la rabia se autodirija cuando no hacemos algo con ella. Si intentamos sujetarla —a veces conscientemente, pero otras de forma automática—, esa energía se quedará en algún lugar. Dentro de ti. En concreto, me refiero a aquellas escenas en las que conectamos con la rabia de una forma muy potente y, ante la imposibilidad de darle salida, la sensación es la de que *algo explota dentro* (con tristeza profunda, ataques de pánico o compulsiones, por decir solo algunas de las formas que puede tomar).

Hablo de la necesidad de contemplar maneras alternativas de descarga para dirigirme directamente a esa parte de ti que tiene miedo de conectar con su energía y, metafóricamente, destruirlo todo. Como si partes internas hubieran concluido: «Ten mucho cuidado porque tu energía tiene la capacidad de dañar al de enfrente. Trata de que no se te escape, de que no salga, de que permanezca dentro». Lo anterior son las palabras que yo estoy utilizando en este momento, pero es probable que tú tengas otras específicas con las que expresarlo. Si no te resuenan esas exactamente, prueba con las tuyas propias. Otra opción es que el miedo no sea a dañar, sino a la retirada del afecto que el otro pueda hacer. O a ambas.

Lo importante es que algo dentro concluye: *sentir rabia = peligro*, cuando también podría haber concluido: rabia → seguridad → capacidad de protegerse → vitalidad → formas alternativas de descarga. Aquello que tú específicamente hayas concluido dependerá de tus experiencias concretas y también de tu sensibilidad y capacidad de leer lo que acontece en tu mundo.

Por otro lado, si tú sí que sientes que tienes la capacidad de conectar con tu rabia y que más bien la vas descargando de manera indiscriminada, te invito a revisar de dónde procede esa rabia realmente y si la descarga descontrolada te acerca a aquello que necesitas o si la forma de gestionarla te lleva de forma constante al mismo lugar.

Digo esto porque defender la rabia no quiere decir desestimar su poder de destrucción. El trabajo pasa por reconocerla para poder observar la información que nos aporta y dar una respuesta en la vida acorde a ese saber. A veces la forma en que descargamos la rabia nos aleja aún más de eso que veníamos necesitando y que nos enfadó en primer lugar.

Para poder tratarnos con ternura, necesitamos, primero, ubicar la rabia donde corresponde. Esto quiere decir que, en el proceso de empezar a tratarte con amabilidad, es posible que necesites enfadarte con gente. Tiene que ver con ser capaz de situar la fuente originaria de toda la rabia que pueda haber acumulada dentro de ti. También con acercarte a mirar esos lugares y momentos de la vida en que no fuiste justamente tratada. Es una invitación a entender tu rabia como un signo de que hay vitalidad suficiente en ti como para proteger lo que es valioso e importante. Un indicador de que ahora sí te puedes proteger.

Si piensas en el agua un momento, seguro que no te cuadra pensar en intentar encajarla en un constante fluir con delicadeza, suave y sutil. O puede que sí te encaje, que sí lo desees, pero no podemos hacerlo. El agua siempre mantendrá su capacidad de potencia. No porque sí, tiene un sentido. Necesitan de ella las corrientes oceánicas, el soporte de la vida acuática, y la erosión y formación de los paisajes. Claro que habrá lugares donde el agua pueda descansar más tranquila —sin agitación— y permitir también la vida. Pero la capacidad de movimiento y despliegue permanecerá intrínseca a ella. Por otro lado, es evidente que la potencia descontrolada del agua puede destruirlo todo. Por eso necesitará de grietas y caminos protectores por los que descargar cauce.

Una reconciliación onírica con la rabia

Recuerdo la primera vez que fui a terapia. No me sentí especialmente bien, pero algo importante que me llevé de ese primer acercamiento terapéutico, en el que solo aguanté dos meses, fue el trabajo con los sueños.

En ese momento de mi vida, me encontraba viviendo situaciones relacionales bastantes injustas, en las que básicamente era carne de desconsideración y violencia constantes. Ahora entiendo que uno de los lugares a los que mi terapeuta de ese momento me intentaba llevar era a conectar con la injusticia para poder darle espacio a la rabia. En ese proceso, bastante desconcertante para mí, tuve el sueño que relataré a continuación. Hay violencia explícita en lo que voy a contarte, así que puedes saltártelo, si así lo deseas, y retomar el texto en el apartado «Activación fisiológica».

Estaba mi perro Salitre en casa de mi familia, donde yo aún vivía, y hacía algo inadecuado que he olvidado. Yo iba a regañarle y, sin entender cómo, acababa cortándole la cabeza. Dos segundos después, me daba cuenta de lo que acababa de hacer e intentaba unir la cabeza a su cuerpo en un deseo mágico de que nada hubiera ocurrido. Después, en medio de mi desesperación y de aquel terror, aparecía mi familia y se encontraba con esa escena. El horror, la culpa y la vergüenza que sentía en ese momento eran inmensas.

La psicóloga en cuestión, con la que vinculé tan poquito que la verdad es que no recuerdo cómo se llamaba, me devolvió algo así como: «Parece que tienes mucho miedo de lo que podría pasar si conectases con la rabia que hay en ti». Esto es algo que ha ido evolucionando en mis sueños a medida que he ido trabajando con mi propia rabia (y potencial agresividad) y con el miedo que siento ante la de otras personas.

Curiosamente, hace no tanto, tuve un sueño que se pareció a ese que soñé con dieciocho años. Un animal salvaje empezaba a atacarme; yo, de nuevo, lo mataba cortándole el cuello (simbología parecida). En el momento en que moría, resultaba ser mi amado gato Mago, al que quiero con todo mi corazón.

Algo así como: «Cuidado con hacer uso de la potencia que hay en ti, aunque sea para protegerte. Puede acabar volviéndose en tu contra y es probable que sea algo de lo que después te arrepientas».

Ahora, en cambio, a medida que he ido trabajando mi relación con la rabia, he ido desbloqueando —como en un videojuego— la capacidad de defenderme de quien sea que me ataque en sueños sin que se convierta de pronto en alguien querido. Simplemente desaparece la amenaza.

Te cuento esto para hacerte llegar que tú también puedes reconciliarte con tu propia rabia para no tenerle miedo y hacer uso de ella cuando la necesites. No indiscriminadamente, no por cualquier cosa, pero sí cuando sea necesaria.

ACTIVACIÓN FISIOLÓGICA

Las emociones no son algo que ocurra *solo en tu mente* —nada lo hace—, sino que se sostienen en procesos bioquímicos, eléctricos y metabólicos específicos y dependen de niveles concretos de activación fisiológica. Esta activación es una parte esencial del funcionamiento de un cuerpo vivo. Gracias a ella, podemos movilizarnos y responder a las demandas del entorno de forma ajustada. El encargado de regular los niveles de activación momento a momento es el sistema nervioso autónomo (SNA). Ese *nivel de activación necesario* dependerá de la situación específica a la que haya que hacer frente, de nuestro sistema nervioso concreto, moldeado sobre la base de nuestra historia de vida, y, en general, de nuestras particularidades. Por eso no podemos pedirnos la misma reacción —ni emoción— que quien tengamos enfrente; cada sistema nervioso se habrá configurado de una forma determinada con base en las experiencias vividas.

Y aun con las diferencias, todas necesitamos ser capaces de movernos entre niveles de mayor y menor activación. Un sistema nervioso capaz de hacerlo con flexibilidad es un sistema nervioso saludable. Que exista un rango de activación forma parte del funcionamiento natural de los seres humanos.

Uno de los mecanismos centrales que permiten el ajuste automático de la activación es la neurocepción.[16] Describe la capacidad de nuestro sistema nervioso de detectar de forma autónoma señales de seguridad, peligro o amenaza. Se trata de una lectura constante del ambiente externo e interno que influye directamente en nuestros niveles de activación. Es algo así como que una parte interna estuviera vigilando siempre en segundo plano y nos enviara señales para activarnos más o menos, dependiendo de lo que encuentre en esa observación continua.

Cuando la neurocepción detecta seguridad, permanecemos dentro de la ventana de tolerancia, que nos habla del rango óptimo de activación para un funcionamiento ajustado de nuestro sistema nervioso.[17] En otras palabras, es el rango de activación dentro del cual mantenemos la capacidad de autorregularnos y de dar respuesta a los estímulos externos e internos, sin desbordarnos ni desconectarnos. Ese lugar donde estamos *más o menos bien,* sin sentirnos a punto de estallar o de desaparecer. En ella tenemos la capacidad de estar presentes, ser flexibles y dar respuestas suficientemente adaptadas a lo que cada situación requiera. Es esa sensación interna de sentirnos lo bastante capaces para manejar aquello que venga. Por lo tanto, uno de los estados característicos que nos dan pistas de que estamos dentro de nuestra ventana de tolerancia es la experiencia interna de calma y conexión.

Fuera de esa ventana, pueden aparecer distintos patrones de activación. Cuando hablamos de hiperactivación, nos referimos a la activación del SNA simpático orientada a movilizar energía suficiente para dar respuesta a posibles peligros a través de reacciones de lucha o huida. Este sistema se activa típicamente ante esas situaciones que nos asustan de pronto. Por ejemplo, si estás conduciendo y el coche de delante frena bruscamente, tu cuerpo reacciona al instante: se acelera tu corazón, se tensan tus músculos y se agita tu respiración. Además, no hace falta que estemos ante una amenaza física real, como es este caso, para que lo anterior ocurra. Ese mismo patrón podría activarse al recibir un mal *feedback* en el trabajo o en alguna actividad de clase. También cuando te criticas a ti misma.

Por otro lado, los estados de hipoactivación están vinculados a la activación de la rama dorsal del nervio vago (SNA parasimpático), que inhibe la actividad del sistema nervioso. Este estado representa un intento del organismo de protegerse ante escenas abrumadoras a través de la inhibición y la desconexión fisiológica. Como ejemplo, podemos pensar en una escena en la que no logras reaccionar: estás en silencio, con la mirada puesta en el infinito y con sensaciones de pesadez y confusión. Puede que hayas discutido intensamente antes, que hayas sentido ilusión acompañada después de desesperanza... El caso es que, fuera cual fuera la escena, tu cuerpo entra en un estado en el que la desconexión y la conservación de la energía se vuelven prioritarias.

Volver al equilibrio —ya sea desde la hiperactivación o la desconexión— será posible gracias a la regulación emocional.

Regulación emocional

Por regulación emocional entendemos tanto la capacidad de mantenernos dentro de la ventana de tolerancia como la de volver a ella cuando algo nos saca de ese estado. Además, ser capaces de regularnos no es una cuestión de voluntad sino de seguridad fisiológica. Esto quiere decir que lo que podemos hacer tiene más que ver con:

1. Acercarnos a comprender qué aspectos influyen en nuestra capacidad de regularnos para poderlos cuidar en general y no solo en el momento de desregulación.
2. Entender qué factores clave pueden ayudarnos, a cada una en concreto, a volver a ese rango de activación que entra en la ventana de tolerancia, que es, por lo tanto, aquel en el que podemos dar una respuesta suficientemente adaptada al contexto presente en el que nos encontramos.
3. Aprender a reconocer en qué nivel de activación nos encontramos, ya que los caminos de vuelta a un estado de cierto bienestar dependerán de si necesitamos retornar a estados de menor activación global

o si precisamente lo que necesitamos es más de esa activación.

Ya has visto que ambos modos de funcionamiento —hiperactivación e hipoactivación— tienen su razón de ser. Se convierten en un problema cuando los medios de regreso a esa ventana de equilibrio no funcionan de forma eficaz. Es decir, es necesario que los músculos metafóricos que representan los sistemas que nos ayudan a regresar al estado de equilibrio estén suficientemente tonificados para hacer esto por nosotras. Habrá estresores del día a día que nos saquen inevitablemente de nuestra ventana de tolerancia, y una parte del trabajo será poder volver a ella entrenando esos caminos de retorno al equilibrio.

En principio, y si todo va bien, podremos movernos entre distintos niveles de activación sin quedarnos fijadas en ellos. Sin embargo, si los caminos de vuelta a niveles ajustados de activación fallan, podremos vernos hiperactivadas o hipoactivadas de forma sostenida.

Otra dificultad que podemos encontrar es que esa ventana de activación óptima sea muy estrecha. Esto quiere decir que, a veces, son demasiados los estímulos —internos o externos— que nos sacan de ese estado de equilibrio suficiente. Algo así como: «Mi sistema nervioso constantemente activa estados de alerta (ya sea lucha/huida o congelación), aunque la escena presente no lo requiera». Es esa alarma de incendios que salta constantemente. En ese caso, el trabajo incluirá ampliar esa ventana de tolerancia.

Para poder mantenernos suficientemente reguladas o para poder iniciar el arranque de vuelta a un estado de regulación, necesitaremos del nervio vago en su rama ventral. Es la llave fisiológica para regresar a nuestra ventana de tolerancia. Abre la puerta a podernos vincular, reflexionar, ser compasivas... Es la que se activa cuando percibimos e interpretamos que no estamos en peligro y la que permite la recuperación después del estrés. Aunque este sistema actúa de manera autónoma, podemos colaborar con él a través de prácticas conscientes que faciliten su activación. Es decir, hay cosas que podemos hacer conscientemente mientras el cuerpo arranca esos otros mecanismos que no dependen de control voluntario.

El trato tierno será una de las estrategias para ayudarnos a regular nuestro sistema nervioso y mantenernos en nuestra ventana de tolerancia: esa horquilla de funcionamiento óptimo desde la que podemos recuperar la flexibilidad de pensamiento —¡y de mirada!— y la apertura a la experiencia propias de estados de tranquilidad y confianza. A su vez, poder mirar amable dependerá de cómo se encuentre nuestro sistema nervioso. Cuando estemos fuera de la ventana de tolerancia, será muy difícil pedirnos esa mirada amable que nos regule lo suficiente. En esos momentos los caminos de vuelta necesitarán de prácticas somáticas: el cuerpo será, entonces, una vía privilegiada de acceso a la regulación.

SER HUMANA EN LA SOCIEDAD ACTUAL

Todo lo anterior se despliega en una realidad concreta: ser humana en la sociedad actual. Nuestro sistema nervioso, diseñado para activarse ante amenazas puntuales y después volver al descanso, se ve obligado a vivir en un contexto donde todo es urgente y rápido, donde cada cosa parece requerir la activación del modo amenaza del organismo. La vida moderna, siendo inflamatoria, es también desreguladora. Los ritmos frenéticos, el sedentarismo, la sobreexposición a las pantallas —y a la luz artificial en general—, la contaminación, la baja calidad y cantidad de horas de sueño, la alimentación con *comida que no es comida,* etc. activan con facilidad un estado de inflamación sistémica de bajo grado en nuestro cuerpo que dificulta enormemente su capacidad de autorregulación.[18] En esas condiciones, nuestra disposición para conectar, sintonizar con otras y sostener nuestras emociones —ni hablemos de mirar amable— se ve limitada, porque, para hacer todo esto, nuestro sistema nervioso se tiene que sentir seguro.

Esto, claro, no nos afecta a todas por igual. Hay personas, con cuerpos concretos e historias de vida específicas, más protegidas ante este contexto que otras. Hay quien encuentra más fácilmente espacios de regulación en la ciudad y quien, en cambio, necesita entornos menos sobreestimulantes para poder sentirse a salvo. Sin embargo, todas estamos expuestas y, de alguna forma, todas nos vemos afectadas. Esto significa que la posibilidad de encontrarnos en

estados de equilibro suficientes —dentro de nuestra ventana de tolerancia— para podernos permitir mirar amable,
está atravesada por limitaciones fisiológicas que dependen
del contexto. Para poder mirar amable necesitamos estar
bien nutridas, descansadas, a salvo y sostenidas.

ESTADO DE ÁNIMO

Entonces, dentro de ti hay una fuente de energía renovable
que te permite existir en la vida moviéndote entre los rangos de hiperactivación e hipoactivación, cuya regeneración
es continua siempre que tus sistemas reguladores estén en
equilibrio. Y que esos sistemas reguladores puedan estar
tonificados depende, entre otras cosas, de tu entorno, y más
específicamente de lo que ser humana en la sociedad actual
permite.

De fondo, todo esto va configurando cierto tono emocional más estable: el estado de ánimo. Hasta ahora, nos
hemos acercado a las emociones, la activación fisiológica y
la regulación emocional. El estado de ánimo integra estos
elementos desde una perspectiva más amplia y tiene que
ver con estados fisiológicos sostenidos en el tiempo. Es esa
atmósfera emocional que nos rodea como resultado de la
distribución energética en nuestro cuerpo, de la activación de nuestro sistema nervioso, de nuestras emociones
y de cómo todo ello se sostenga o no en el tiempo. Cada
uno de estos factores se verá influido por nuestra forma de

mirar la realidad —externa e interna— y repercutirá también de vuelta en ella.

Por lo tanto, mientras que una emoción es una respuesta más breve e intensa, cuando hablamos de estado de ánimo nos referimos a una disposición emocional que persiste y que tiende a ser más difusa. Puede que se sienta como pesadez, inquietud, o quizá claridad y ligereza. Es frecuente no saber identificar con precisión nuestro estado de ánimo de fondo ni ubicar qué lo ha generado.

En general, la activación crónica y excesiva puede favorecer estados ansiosos, mientras que la hipoactivación persistente suele estar relacionada con estados más depresivos (apatía, desgana). No se trata de una relación directa, sino que podremos quedar mayormente fijadas en uno u otro extremo —o ir oscilando entre ambos— dependiendo del contexto, de nuestra historia y de la realidad presente. Ambas podrán asentarse como respuesta a una crítica interna feroz y necesitarán de procesos compasivos para iniciar el camino de vuelta a lugares de mayor equilibrio.

5

La crítica

Una de las grandes interferencias, tanto a la hora de mantener estados de equilibrio como de cultivar un trato compasivo, es la crítica. En este capítulo vamos a explorar juntas el mundo que la rodea. ¿A qué nos estamos refiriendo cuando hablamos de crítica interna? ¿Qué función psicológica cumple? ¿Cuál es su contenido? ¿A quién critica? ¿Qué consecuencias tiene?

Cuando mencionamos la crítica, nos referimos a la tendencia a ofrecer interpretaciones negativas o amenazantes ante situaciones determinadas. Al hablar de crítica, no nos referiremos al concepto de «hacer autocrítica». Hago este matiz porque la autocrítica sí puede incluir un mirar amable, no son cosas incompatibles. La voz crítica, en cambio, se encarga de señalar y destruir.

Normalmente, cuando hablamos de crítica interna, voz crítica, etc., nos referimos a juicios emitidos hacia una misma. Sin embargo, igual de importante es ver los juicios que emitimos hacia otras personas y hacia la realidad que tenemos delante. Esto quiere decir que esas interpretaciones hostiles podrán ser colocadas encima de una misma, de las otras o del mundo.

Dependiendo de las conclusiones a las que hayamos llegado —relacionadas con los introyectos—, tenderemos a activar formas más o menos amables de mirar y tratar. A veces esa mirada será tierna y afectuosa; otras, en cambio, más juiciosa y hostil.

¿QUÉ ES LA VOZ CRÍTICA?

Al hablar de voz crítica estamos refiriéndonos, generalmente, a cualquier *vocecilla* criticona que aparezca en tu mente. Llamando voz crítica a todas las posibles voces que te critican o castigan, estamos intentando simplificar. Sin embargo, a la vez, hacerlo puede resultar confuso porque son distintas partes internas las que pueden estarse activando. Y, además, estarán asociadas a momentos vitales específicos. Las partes de esa voz crítica que se hayan conformado más atrás en el tiempo ocuparán un lugar nuclear y, por lo tanto, tendrán un papel más importante en la estructuración de nuestro psiquismo. Esto quiere decir que será más difícil hacerlas tambalear.

A medida que comenzamos a observar nuestra voz crítica, podemos ver cómo algunos de los mensajes que aparecen suenan más infantiles que otros. También podemos encontrarnos con algunos mensajes internos muy elaborados para el momento de la vida en el que entraron en la mente. Esto se explica porque, dentro de los elementos que pueden conformar la voz crítica, hay mensajes recibidos de personas de nuestro contexto, normas sociales —ambos tienen que ver con los introyectos—, así como también conclusiones internas a las que llegamos sobre nosotras mismas en escenas de nuestra vida específicas (con la mente en el nivel de desarrollo que tuviéramos en ese momento, lo que tiene que ver con nuestras muchas *yoes*).

En este sentido, habrá mensajes que nos hayan dicho literalmente y otros que se nos hayan dado a entender. Otros quizá no nos los hayan explicitado como tal, sino que el no tener a una persona adulta que pusiera palabras para nosotras a lo que estaba ocurriendo nos obligó a darles sentido desde nuestra mente infantil. A veces bastante acertadamente. Otras veces, *de aquella manera*.

Incluiremos dentro del paraguas de la voz crítica todos esos mensajes y diálogos dentro de ti que suenen especialmente juzgadores, avergonzantes, que exigen la perfección, asustadores… Sin embargo, en la práctica clínica nos acercamos a ello de forma más específica para poder abordarlo en profundidad. Aquí, hablaremos en términos generales en un intento de no generar mayor confusión, tratando a la vez de no dejar fuera su complejidad.

Además, recuerda que hablábamos de cómo los introyectos son una experiencia somática, igual que esas versiones antiguas propias que pueden activarse dentro de ti. Por lo tanto, aunque estemos hablando de voz, con ella se

activarán esos recuerdos corporales de cómo se sentía
—y se siente— en el cuerpo, que nos hablaran o que nos
hablemos así.

FUNCIÓN PSICOLÓGICA

¿Por qué y para qué nos hablamos como lo hacemos? Las
formas críticas que tenemos de pensarnos y tratarnos no
son porque sí. Más bien todo lo contrario. Tienen un sentido en nuestra historia y existen en nosotras porque fueron necesarias. Cumplieron la función de tratarnos de asegurar nuestras necesidades humanas básicas de forma
suficientemente estable, controlable y predecible.

No podernos asegurar nuestras necesidades es mucho
más peligroso que la crítica en sí misma. De hecho, es cuestión de supervivencia. Podemos entender la crítica como
un intento de solución a un contexto determinado; un intento de entenderte y de comprender el mundo con las palabras que te prestaba tu contexto, o con las que no te
prestaban. Con los modos de funcionamiento que te ofrecían, o que no te ofrecían. Algo así como la escultura que
pudiste hacer con la arcilla que te entregaron, pero también un intento de subsanar lo que no te dieron y lo que
no te enseñaron.

Ahora bien, poder ubicar una utilidad en la historia de
nuestra vida no quiere decir que la utilidad *siga vigente*.
Tiene mucho sentido desarrollar formas extremas de adap-

tación a nuestros contextos en etapas de la vida y del desarrollo en las que no depende de nosotras de ninguna forma que dicho contexto pueda cambiar o evolucionar. Algo así como: «No puedo modificarlo, tampoco puedo cambiarlo por otro, de forma que lo que puedo hacer es adaptarme a él, sea lo que sea que esa adaptación signifique».

Pero vamos creciendo y, por suerte, dejamos de ser absolutamente dependientes de nuestro contexto. Seguimos dependiendo de nuestras relaciones en cierta medida —como seres interdependientes que somos—, pero ya no nos encontramos en una situación de completa indefensión. Sin embargo, como tu psiquismo entendió lo necesario que era ese modo de funcionamiento para su supervivencia, no será fácil convencerlo de lo contrario. Esas partes infantiles y adolescentes que aprendieron a tratarse con dureza para escapar lo máximo posible del dolor necesitan asegurarse de que pueden confiar en ti en este momento. Necesitan confiar en que podrás sostener lo que requieren hoy y lo que necesiten más adelante.

Entonces, no va de que la crítica no nos sirva de ninguna manera, sino de comprender que quizá ahora no es la única forma posible: «A medida que amplío en recursos, puedo renunciar a recursos antiguos. Es decir, para poder tratarme de otra manera, primero tengo que aprender esa nueva forma. Y, además, necesito aprenderlo experiencialmente (no solo desde el intelecto)».

Contenido de la crítica

La crítica, aparte de ser hostil, ¿qué me dice exactamente? Por un lado, nos criticamos a nosotras mismas con eso mismo con lo que nos criticaron. No quiere decir que solo con eso, pero desde luego que será una parte. Teniendo en cuenta que la crítica cumple —aunque muy disimuladamente en ocasiones— la función de protegernos de algo, «me recordará aquellos aspectos de mí misma que haya entendido que son importantes de revisar precisamente por ser a su vez relevantes para las personas importantes para mí».

Además, es esperable que las otras personas hayan tendido a criticarnos con eso mismo con lo que se critican a sí mismas (a su vez, suele tener que ver con las formas con las que fueron también criticadas). Esto es típicamente observable en relaciones verticales, donde hay una persona por encima de la otra (madre, padre, abuela, abuelo, profesor, etc.) que devuelve una mirada de lo que la otra persona es y de lo que tiene que hacer. Quien no ha revisado su propia crítica interna —tanto en forma como en contenido— muy fácilmente volcará eso mismo en aquel que tenga enfrente, más aún en aquel que tenga directamente por debajo en la jerarquía relacional.

Otras veces no es que nos critiquemos con aquello que nos dijeron, sino que nos criticamos con las conclusiones que sacamos de un cúmulo de escenas específicas. En estos casos, puede ser que faltara una mirada adulta amable que ayudara a poner palabras más tiernas a esas experiencias, o puede que esa mirada no tuviera poder suficiente para amortiguar una escena de dolor determinada.

Por lo tanto, insisto: cuando hablamos de la crítica en general, estamos hablando de muchas cosas y, a la hora de ofrecernos una alternativa, es importante detenernos a observar de qué está hecha esa crítica en concreto. Algo así como: «Será distinto criticarme con aquello que me decían, o con aquello que mi madre, mi padre o cualquier otra figura de referencia se decían a sí mismos, que con aquello que yo concluí desde mi mente infantil que debía decirme».

Te voy a poner un ejemplo para cada una de esas alternativas:

- **Con aquello que me decían:** «Cuando era adolescente y no ordenaba mi cuarto, mi abuela me decía que era la persona más desordenada del mundo. Ahora, cuando no están las cosas recogidas, me siento un desastre. Sin embargo, el resto de las personas de mi vida adulta no tiene esa imagen de mí».
- **Con aquello que oía a las demás decirse a sí mismas:** «Cuando era pequeña y mi padre fallaba en algo, se decía a sí mismo que era imbécil. A mí no me lo decía. Sin embargo, entendí que los errores hablan de lo imbécil que una es». Aquí podemos incluir también aquellas cosas que nuestras figuras de referencia no se decían, pero sí *hacían consigo mismas*.

Es decir, puede que ese padre no dijese literalmente que era imbécil, pero que *se tratara a sí mismo* como si lo fuera después de haber cometido un error.

- **Con aquello que concluí desde mi mente infantil:** «Cuando iba a primaria, mi tutora nunca me prestaba atención. Cuando pedía voluntarios para hacer un ejercicio en la pizarra, nunca me elegía. Yo pensaba para mí misma que era la peor. Por eso ella no me elegía». En este último ejemplo, además de la atención de su profesora, a esta niña le faltó una persona adulta que pusiera palabras a su experiencia y la clarificara. Alguien que recogiera su experiencia emocional y le contase que las personas adultas muchas veces no son justas y no siempre son capaces de repartir la atención como las niñas y niños de la clase merecen, sin que eso hable de quién ella es como alumna.

A veces seremos muy literales («sueno como mi madre/padre») y otras no tanto («no sueno exactamente igual, pero de fondo hay una melodía parecida»). Otras veces, en un intento de diferenciarnos de lo vivido, haremos el movimiento contrario —«sonar lo menos parecido posible»—, pero de esa forma habrá igualmente una melodía similar en cuanto a su complementariedad.

¿A QUIÉN CRITICA?

Cuando la crítica aparece, está criticando a alguien. Y dirás: «Sí, a mí». No exactamente. Si hablamos de la crítica como «*una parte de mí que me dice cosas»,* te invito a revisar a qué otra/s parte/s de ti se lo dice exactamente. Este ejercicio interno, que así, de primeras, puede resultar complejo y difícil de entender, será una de las claves a la hora de poder observar nuestro autodiálogo y el impacto que tiene, en particular, en las partes infantiles y heridas propias.

Te pongo un ejemplo. Si cuando se te cae un vaso de agua te dices a ti misma —o te piensas a ti misma—: «Joder, ¡soy un desastre!», ¿qué partes de ti estarán recibiendo ese mensaje para poderse avergonzar? La adulta que hay en ti sabe que no es un desastre por tirar un vaso de agua. No se lo diría a sí misma y tampoco se lo diría a alguien. Pero no solo eso: la adulta que hay en ti no puede conectar con la vergüenza de ser un desastre por algo así, porque, de nuevo, sabe que no es verdad. Es decir, sabe que esa conclusión es una exageración basándose en la escena que acaba de vivir. Sin embargo, la parte de ti que representa a esa niña a la que regañaban constantemente por no hacer las cosas de forma perfecta no lo tiene tan claro. Ella sí es probable que quede avergonzada (siempre y cuando lo anterior haya sido verdad en su historia).

Por lo tanto, cuando nos ponemos a observar e identificar la voz crítica, es probable encontrárnosla en *pack.*

Como si, dentro de una, se activara a la vez la pareja compuesta por *la parte que critica y la parte criticada*. Es decir, la parte que te dice que no eres suficiente y la que concluye que no es suficiente. «No eres suficiente». «No soy suficiente». Otra combinación posible sería entre *la parte que genera culpa y la parte que se siente horriblemente culpable*.

Hablo específicamente de la culpa y de la vergüenza desproporcionadas porque son muy buenos indicadores de que hay voz crítica merodeando. Lo anterior implica que es un trabajo de observación en dos direcciones:

- Si me capto criticándome, puedo buscar las partes que se están sintiendo avergonzadas o culpables.
- Si siento vergüenza o culpa desproporcionadas, puedo buscar qué parte me está criticando/señalando y de qué manera.

Desde luego, no son las únicas emociones que puede activar la voz crítica. También puede hacerte sentir una gran tristeza, rabia hacia ti misma o las demás, angustia, frustración, inseguridad, parálisis, etc. Te invito a mirar dentro de ti qué aparece. La lista es infinita. A la vez te animo a quedarte con la idea de la estrecha conexión entre vergüenza, culpa y voz crítica, ya que puede ayudarte a empezar a observarla más fácilmente.

De nuevo, es importante recordar que la voz crítica activa distintas capas de experiencia: las partes internas que entran en juego, las emociones asociadas acompañadas de una respuesta fisiológica concreta, las sensaciones físicas vinculadas, la tendencia a la acción correspondiente, etc.

SOBREADAPTACIÓN Y AUTOINDULGENCIA

Hay dos modos de funcionamiento relacionados con la crítica que son complementarios: la sobreadaptación y la autoindulgencia. Instalarnos en uno nos acerca al contrario y al revés. Esto lo podemos ver en la relación que muchas personas tienen con la comida: «A partir de mañana me pongo a dieta» o «Estoy harta de estar a dieta, voy a comer lo que me apetezca».

Ambos son intentos de solución a la crítica desde nuestras partes más infantiles. La parte sobreadaptada busca evitar la crítica cumpliendo las normas rígidamente. Podría sonar como: «No me voy a perdonar ni un día de gimnasio. Ahora que por fin he conseguido establecer una rutina, no puedo fallar. Tengo miedo a que permitirme el descanso me traiga de vuelta a lo de antes».

La parte autoindulgente, en cambio, suele estar más conectada con esa niña interna rebelde, cansada de tanta exigencia. Sería algo así como: «¡Cuántas normas! No pienso hacer nada que no me apetezca. No quiero tolerar ni un poquito de incomodidad (a pesar de que eso me acerque a grandes reforzadores importantes para mi bienestar global)».

Pero, en realidad, ninguna de estas formas surge de tu yo más adulta. La sobreadaptación intenta evitar el dolor de sentirse insuficiente, indigna de amor. La autoindulgencia quiere escapar de tanta rigidez. Ambas partes —la obediente y la rebelde— merecen ser escuchadas. También necesitan de una figura adulta interna que las regule. Necesitan de ti.

Podría verse como algo así: «No quiero moverme constantemente entre descuidarme y exigirme sin fin. Me merezco poder elegir aquella opción que equilibre lo que me gusta y me apetece, con lo que me sienta bien y que necesito. Esa que equilibra las necesidades, los deseos y las obligaciones. No tienen por qué ser incompatibles. Ambos son cuidados que me merezco: el empujón amoroso y el sostén».

P., una paciente a la que acompaño, me decía: «María, siento que antes solo conocía dos caminos, dos carreteras. O estaba en la A o estaba en la B. Ahora he descubierto una carretera C». Cuando ella mencionaba esa carretera C, hablaba de ese lugar flexible y amoroso en el que lo que importa no es la forma exacta de cuidarse, sino asegurarse de satisfacer esos cuidados con límites y ternura. Es una carretera flexible y está en construcción. Cogiéndoselo prestado, te invito a preguntarte cómo sería esa carretera alternativa para ti.

Aislamiento

Otro aspecto asociado a la crítica es el aislamiento. Vivir con la crítica activada de forma constante nos aleja de las demás personas y del mundo. Podemos aislarnos por vergüenza, por culpa, porque la otra nos asusta, porque contamos con que no merece la pena, etc. El caso es que, «sea porque me juzgo primariamente a mí misma o de forma inicial juzgo al resto, en ambos casos querré esconderme».

«¿Cómo salir a un mundo en el que anticipo que voy a ser juzgada o cómo salir a un mundo en el que todo aquel con el que me encuentre será juzgable?».

Para tener ganas de salir a la realidad y relacionarnos con otras personas, tendremos que poder sentirnos suficientemente seguras con nosotras mismas y con las demás. Imaginar salir al mundo esperando ser juzgadas tal y como nos autocriticamos no invita a quererlo hacer. Intentaremos no exponernos. En primer lugar, porque juzgarnos nos hará anticipar que las demás también nos juzgarán. Eso nos hará entrar en un ciclo de vergüenza insoportable que nos hará aislarnos del resto. En segundo lugar, porque juzgarnos nos hará también juzgar a las demás (por ejemplo, juzgando que nos juzgan).

El aislamiento sería así un intento de solución al juicio propio y al ajeno que nos aleja de la satisfacción real de nuestras necesidades al privarnos de la posibilidad de establecer conexiones genuinas y seguras.

Impacto en tu inmunidad

Además, el trato hostil también repercute en nuestra fisiología, alejándonos de ese estado de calma y seguridad que nos permite conectar con el entorno. Nuestro cuerpo no se libra de las consecuencias de tratarnos con crueldad con frecuencia. Autoevaluarnos negativamente de forma crónica activa respuestas de estrés en el organismo, tal como lo haría una amenaza externa. Nuestro cerebro es especialmente sensible a la crítica porque interpreta el rechazo —real o anticipado— como un riesgo para nuestra seguridad, ya que pertenecer nos ha ayudado a sobrevivir a lo largo de la evolución. Por lo tanto, no hace falta que la crítica venga desde fuera para que tenga un impacto. Es algo así como que una crítica severa puede ser codificada internamente como una amenaza social. Hablarnos con dureza cerebralmente se parece bastante a escuchar a alguien decirte esas mismas cosas.

Y esto tiene efectos concretos en el cuerpo. Tratarnos negativamente de manera sostenida puede tener consecuencias hormonales e inmunológicas. Autoevaluarnos de forma negativa impacta en los niveles de cortisol en sangre —la hormona del estrés— disminuyendo la actividad de las células *natural killer* (NK), que son las que nos protegen de infecciones y proliferaciones malignas en nuestro cuerpo.[19] Esto implica que criticarnos impacta literalmente en las células de nuestro cuerpo. Cuando estamos en modo supervivencia —es decir, con el SNA simpático activado—, disminuye la actividad inmunológica. En estado de lucha o huida, los recursos fisiológicos necesitan invertirse en eso mismo: defenderse o escapar. La sangre es desviada al corazón, a los pulmones y a la musculatura de las extremidades, dejando en segundo plano la inmunidad, la digestión y la reparación celular. El organismo prioriza dar respuesta a la amenaza inmediata, aunque eso implique descuidar funciones que nos ayudan a mantener la salud.

UNA EXPERIENCIA SOMÁTICA ESCRIBIENDO ESTE LIBRO

En el proceso de escribir esto que ahora lees, me he encontrado muchas veces con la sensación de incapacidad delante de mí. Generalmente precedida por una crítica hostil. Aparecía en mí la idea de *tenérmelo que tomar en serio* al tiempo que pensaba: «Yo no soy seria». Es muy fácil que esta mezcla entre crítica, sensación de incapacidad y no escribir se alimente a sí misma.

«Me critico por no escribir lo que me gustaría escribir. Eso me hace sentir incapaz de escribir lo que me gustaría escribir. Como me siento incapaz de escribir lo que me gustaría escribir, no escribo. Me critico por no escribir lo que me gustaría escribir…». Perdona por el trabalenguas, es a propósito. El caso es que así hasta la eternidad. Hasta la eternidad, a no ser que puedas pillarte a ti misma con ese diálogo interno.

Los tres vectores pueden servir como vía de entrada para cortar el círculo sin fin. Si me estoy criticando por no escribir lo que me gustaría escribir y me doy cuenta de que es así como me estoy hablando, puedo parar un momento para intentar ofrecerme unas palabras más parecidas a las que le diría a una amiga en esa situación. Si, por otro lado, estoy en la sensación de incapacidad, puedo pararme a prestar atención a cómo se siente en el cuerpo, qué color y forma tiene, qué necesita de mí. Si en cambio estoy en el *no escribiendo*, puedo probar a escribir cualquier cosa, no *lo que me gustaría,* sino lo que sea. Y así he ido escribiendo este texto: amabilizando la crítica y dando más vueltas que una peonza.

6

Flexibilidad potencial

La invitación a revisar la propia mirada y la existencia de este libro se deben a que, por suerte, la forma de mirar es flexibilizable. Digo flexibilizable porque no es que su tendencia sea flexible como tal, más bien tendemos a mirar de forma *conocida*. Sin embargo, tiene la capacidad de moverse con la estimulación adecuada y suficiente. ¿Son los cuerpos *per se* flexibles? No realmente. Sin el estímulo necesario, tenderán a volverse rígidos. Sin embargo, con movimiento y constancia, son flexibilizables. Con la forma de mirar, pasa algo similar: hay en ella *flexibilidad potencial*.

MIRAR DE FORMA CONOCIDA

A nuestro cerebro le cuesta mucho sostener la incertidumbre. Ante esta dificultad y en un intento de protegernos, rellena huecos con aquello que ya conoce.[20] Y ¿cómo los rellena? Tiende a activar experiencias pasadas que resuenen con eso que está ocurriendo en el momento presente, utilizando nuestros tres grandes grupos de conclusiones internas como manual de instrucciones. Es decir, asocia la situación presente con escenas pasadas registradas en tu memoria y en tu programación genética para dar una respuesta que pretenda salvarte de una consecuencia grave.

Usar las conclusiones internas como manual de instrucciones de la vida es una forma de ahorro energético que favorece la rigidez y las reacciones automáticas *típicas de cada una.* Se parece a atarnos a una butaca del cine a ver siempre la misma película. Es una simplificación constante de la realidad. No necesitamos mirarla mucho, porque rápidamente llegaremos a la conclusión conocida. Con una ojeada es suficiente. Un estímulo evoca algo en nuestra mente de corte posiblemente negativo y esa será la verdad sobre esa escena. No hace falta, siquiera, que ocurran siempre las mismas cosas. Adaptamos la realidad a nuestra conclusión interna en lugar de adaptar la conclusión a la realidad que tengamos delante.

Esto hace que, casi inevitablemente, la interpretación automática que nos venga en un momento incierto tenga más que ver con aquello negativo que vivimos en el pasado que con eso que estamos experimentando y que aún no comprendemos del momento presente. En otras palabras, muchas veces, lo que pensamos no ha sido disparado por la escena en sí misma, sino por aquello de nuestra experiencia vital con lo que la situación nos conecta. Esto, que es muy útil para la supervivencia, no lo es siempre para la vida.

Por lo tanto, la forma de mirar por defecto tiene más que ver con las conclusiones que nuestra mente inconsciente ya tiene guardadas y se parece poco a estar en el presente y dar una respuesta ajustada a esa realidad en la que nos encontramos. Esa misma forma de mirar nos hará captar con mayor facilidad los datos de la realidad que sigan confirmando nuestras hipótesis, descartando rápidamente aquello que no lo haga.

La respuesta que pueda activarse en esos momentos incluye no solo qué tuviste que hacer, sino también cómo te trataron (y más adelante, cómo te trataste). En situaciones de mayor inseguridad o angustia, será más difícil acceder a registros más compasivos porque, de nuevo, nuestro psiquismo nos llevará hacia lugares conocidos: muchas veces, hacia una crítica feroz. El resultado es que nos veamos en las mismas escenas repetitivas una y otra vez, dificultando la aparición de nuevas dinámicas y respuestas en escenarios de siempre.

Mirada flexibilizable

Al hablar de flexibilidad potencial en la mirada, me refiero a la capacidad que conserva nuestro cerebro a lo largo de la vida de seguir generando asociaciones (lo que en neurociencia se llama neuroplasticidad). Aunque existen momentos evolutivos, como los primeros años de vida, en los que estas conexiones se forman de manera masiva y especialmente plástica, la posibilidad de generar nuevos caminos neurológicos no desaparece con el tiempo. Nuevas vivencias, con sus interpretaciones asociadas, podrán impactar en nuestro psiquismo y generar otras trayectorias neurológicas posibles. En el mejor de los casos, nuevas formas de mirar más amables.

Sin embargo, como a nuestro cerebro le gusta rellenar huecos en situaciones inciertas, para poder flexibilizar la mirada necesitaremos de seguridad suficiente. Cuando estamos en modo supervivencia, es muy difícil pedirnos novedad. En estado de alerta, hacemos *lo que sabemos hacer;* ante un riesgo inminente, no es buen momento para innovar. Además, de activarse la crítica, actuará como disparador fisiológico aumentando la producción de cortisol y colocándonos con facilidad en modo neurológico de supervivencia. Como se activan las partes del cerebro asociadas con la amenaza y esa búsqueda de *«cuándo ha sido esto así en mi vida y qué tuve que hacer entonces»*, tenderemos a reaccionar del modo en que aprendimos a actuar (la mejor solución posible del momento) y puede que nos perdamos las alternativas posibles de ese preciso instante.

Por lo tanto, como la mirada no es *per se* flexible, sino flexibilizable, necesitará de condiciones de seguridad y calma para que pueda darse dicha cualidad. Esos tres grandes grupos de conclusiones (sobre nosotras mismas, sobre las otras personas y sobre el mundo) podrán irse moviendo a lo largo de la vida a medida que vayamos dejando entrar información que las desconfirme. Dejar entrar información dependerá de la seguridad y de la calma mencionadas. Salir del modo automático de funcionamiento necesitará de la observación atenta, permitiendo así crear espacio para nuevas respuestas más conscientes y compasivas.

UN EJEMPLO DE SACUDIDA A UNA CONCLUSIÓN INTERNA

En el momento de escribir esto se da la bonita coincidencia de que he vivido una experiencia o un grupo de experiencias que me han permitido *sacudir* una de mis formas típicas de mirar la realidad. No es que sea algo definitivo, ojalá, es más bien el *clic interno* que me ha permitido salir momentáneamente de esa forma de estar. Ahora bien, necesitaré seguir alimentando aquello que me permita entrenar este músculo que, en definitiva, es el de la seguridad y confianza en la vida.

No soy una persona muy aventurera. Soy atrevida en cuanto a retos personales y profesionales, pero no soy una exploradora. Mi lugar seguro de indagación es el interno y el de las relaciones humanas. Así que, aunque me gusta viajar, no me suele salir por iniciativa propia proponer un viaje de aventura. Sin embargo, este año se dieron las circunstancias perfectas para verme en un viaje en el que rara vez me hubiera imaginado. No quiero profundizar en el viaje como tal, porque no es lo importante, pero sí en el efecto que tuvo en mí. De pronto, estar en situaciones de riesgo real tuvo un efecto en mí como de una especie de *cura de susto*.

Yo, que tiendo a vivir asustada por muchas cosas sin importancia real, me vi —sin querer— confrontando la conclusión interna de que la tragedia puede ocurrir de repente y en cualquier momento. Claro que hay algo de verdad en esa frase. Pese a ello, por suerte, en rangos de salud interna suficiente podemos estar más desconectadas de esta posible hipótesis y no experimentar una posible tragedia futura como una tragedia que está ocurriendo en este momento. Resultó que el número de experiencias en las que me vi en riesgo y su intensidad, sin que me ocurriera finalmente nada peligroso, empujaron con fuerza dentro de mí una conclusión nueva que suena algo así como: «Aun en una escena peligrosa, las cosas pueden salir bien. Aun en riesgo, es probable que pueda cuidar suficientemente bien de mí misma. El mundo puede ser un lugar peligroso, pero también un lugar amable. Ambas cosas son verdad».

Te traigo esta idea para convocar a esa parte de ti que necesita nuevas oportunidades para desconfirmar conclusiones antiguas. Para que eso sea posible, necesita de escenarios en rango de seguridad suficiente.

Mirar atentamente

Empezar a tomar conciencia de la forma que tenemos de mirar no es un trabajo fácil de hacer. Requiere de tiempo y de mucha honestidad interna poder permitirnos atender y revisar esas lentes pegadas a nuestra mirada.

Para flexibilizar la mirada, necesitamos mirar atentamente, y para observar con atención, necesitamos de suficiente descanso (solo así nos podemos detener en algo concreto). En la mirada atenta hay algo de distracción del resto de cosas que no forman parte del primer plano de la atención, a diferencia de esa mirada dispersa, que capta muchos datos diferentes sin poder decir mucho de ninguno de ellos. La mirada atenta tiene la capacidad de especialización. Se especializa en aquello en lo que se posa. Capta tonalidades, texturas, movimiento, velocidad. Capta necesidades, emociones, oportunidades, reciprocidad. No da por hecho. Se percata de cosas sin necesidad de ponerles rápidamente palabras.

Si miras con atención, es muy difícil no asombrarte por la magnitud de todo cuanto te rodea. Cuando miras atentamente, te encuentras con todo lo que existe, y también con las leyes bajo las que existe todo. Nos suele gustar imaginar otras leyes del mundo, con preguntas como: «Si pudieras elegir un superpoder, ¿cuál sería?». Y el caso es que, si te acercas lo suficiente, verás que mucho de lo que puedes experimentar se parece bastante a tener poderes. En el aprender a mirar atentamente hay algo de encontrarse con esa magia que buscamos en la fantasía.

Cuando te acercas lo suficiente a la vida, es inevitable que te encuentres con cierta sensación de extrañeza, de asombro. Hay una toma de conciencia que nos permite darnos cuenta de que las cosas existen de una determinada manera y de cómo podrían hacerlo de muchas otras. Hay algo de volverse a sorprender con «cómo es que una paloma puede volar, cómo es que tengo cinco dedos en el pie, cómo es que respiro y cómo puedo hacerme estas preguntas».

Entonces, el nivel de asombro es inmenso —hay una toma de conciencia de todo lo *mágico*—, pero también lo es la familiaridad. Todo se siente familiar y a la vez bastante ajeno. No ajeno como aquello que no es de una, sino ajeno como aquello que acabas de ver de pronto por primera vez. Como si acabaras de llegar a un mundo en el que eso existe y a la vez pertenecieras de siempre a él. Cuando miramos con verdadera atención, nos encontramos con preguntas existenciales de forma inevitable.

Si esto de lo que te hablo te suena muy raro, no te preocupes, es que lo es. Te invito a revisar a lo largo de tu día si hay algo que movilice en ti esta doble sensación de *lo ajeno y familiar*. Algo que a mí me recuerda a esta idea son esos momentos en los que prestas atención a una palabra familiar y de repente la palabra se vuelve *poco familiar, extraña*. Es decir, tiene que ver con poner atención a algo que en principio *damos por conocido*.

PRESTARTE ATENCIÓN (A LA VEZ QUE TE DEJAS UN POCO EN PAZ)

La atención plena es uno de los componentes de la autocompasión, porque, para poder ser compasivas —tanto interna como externamente—, necesitamos estar enteramente aquí y ahora. Por lo tanto, para poder encontrar formas de estar en la vida más amables con nosotras mismas y las demás personas, necesitamos ver con claridad lo que tenemos enfrente, y no solo lo que pueda activarse dentro de nosotras de manera automática. Cuando no podemos atender de forma pausada lo que tenemos delante, tenemos muchas posibilidades de reconfirmar nuestras escenas de dolor antiguo, ya que tendemos a ver en la escena presente aquello que confirma nuestra experiencia.

Entrenar la observación atenta de todo lo que está dentro de una —y de lo que nos rodea— nos facilita ampliar el tiempo entre impulso y acción. En este sentido, si somos capaces de observar aquello que acontece a nuestro alrededor y el efecto que eso tiene en nosotras, así como, al contrario, el efecto que tiene en nuestro alrededor aquello que pasa dentro, podremos detectar más fácilmente nuestras tendencias a la acción sin actuarlas directamente.

Por ejemplo, cuando podemos darnos cuenta de las situaciones que nos van enfadando, aunque sea en baja intensidad, tenemos más capacidad de detectar la escalada de esa rabia para decidir qué hacer con ella, en lugar de vernos directamente actuándola (entendiendo actuar la rabia como llevarla a la acción de forma inmediata). Desde luego, hay escenas en la vida en que llevar rápidamente *la rabia a la acción* es necesario para protegernos. Sin embargo, en el resto de las ocasiones, tanto en la acumulación que nos lleva a explotar como en el estallido desproporcionado ante una única escena movilizadora, poder ampliar el tiempo entre impulso y acción nos puede ser de mucha ayuda. De hecho, te permitirá sentir que eliges libremente tus decisiones momento a momento, en lugar de sentirte más bien arrastrada por ellas.

Por otro lado, siendo parte de lo mismo, será más sencillo responsabilizarte de tus acciones y del efecto que tienen en las demás personas y en el mundo que te rodea si justo puedes observar que tienen un impacto (y cuál es concretamente). Tiene sentido, ¿no? Es muy difícil hacernos cargo de aquello que no podemos comprender, y poder comprender algo pasa por observarlo con atención.

Vivir prestándote atención, sí. *Algo* de atención. Si te pasas de autoatención, la vida puede volverse también muy angustiosa. Hay un equilibrio justo, que, por cierto, perdemos y recuperamos todo el rato. Es un *prestarnos atención a la vez que nos dejamos un poco en paz.*

Ese prestarnos atención nos permite acercarnos a entender las cosas que ocurren dentro de nosotras, de dónde vienen, la función psicológica que cumplen, en qué contexto fueron creadas... Nos facilita también ir ampliando el conocimiento interno experiencial (el ¡ajá!), que nos posibilita a su vez poder acompañar a la niña o niño que vive dentro. Nos concede la oportunidad de mantener una zona intacta en esos momentos de desregulación. Hay una mirada que observa esa parte de ti que se desregula. Una parte que te mira con ternura, que está ahí contigo con la mano tendida.

Entonces, prestarte atención pasa por mirarte de cerca lo suficiente, a la vez que te ofreces, a ratos, descansos de mirada. «Observo aquello que ocurre en mí ahora mismo y también observo aquello que *está tendiendo a ocurrir en mí* en esta época de la vida. A la vez, por momentos, me dejo de observar con conciencia. Elijo dejarme un rato en paz».

Además, poder mirarte incluye saber que todo lo que piensas no es necesariamente verdad y que, cuanto más dolida estés, más posible es que puedas estar interpretando la realidad que tengas enfrente desde las heridas de tu historia particular. Esto no quiere decir que cualquier sufrimiento intenso tenga que ver con nuestros dolores antiguos. Hay escenas de la vida presente que son tremendamente abrumadoras e injustas. Ahora bien, muchas de ellas acaban interactuando de igual manera con nuestras escenas de dolor *de siempre*. En el sufrimiento que se siente como antiguo, hay algo de sentirse más pequeña dentro de una. Más pequeña en cuanto al modo de funcionamiento.

Prestarte atención tiene que ver con percatarte de todas tus partes —incluyendo esas más infantiles dentro de ti— para poderlas atender como la situación requiera. A veces, simplemente permaneciendo ahí con ellas. Otras, dando una respuesta ajustada en la vida.

REVISAR EL AUTODIÁLOGO Y DECIRTE DISTINTO (AUTOAMABILIDAD)

Otro de los aspectos que revisar a la hora de flexibilizar la mirada es el diálogo interno: la manera en la que nos hablamos a nosotras mismas. Esas voces de las que hemos ido hablando que suenan a ratos, o quizá todo el rato, en tu cabeza. Puede que ya llegues aquí teniendo cierta conciencia de él, o puede que sientas no tener ninguna. En cualquier caso, la revisión del propio autodiálogo siempre sorprende. Esto tiene una parte quizá un poco angustiosa: siempre hay trabajo por hacer. No revisamos el diálogo interno una vez, lo resolvemos como un enigma y se queda resuelto en la mente. Se parece más a entrenar un músculo. No nos vale entrenarlo un día para notar los efectos y, desde luego, entrenarlo un tiempo no nos asegura sus beneficios para siempre. Lo que sí es esperanzador es que, como nuestros músculos, la forma de hablarnos tiene cierta memoria y, aunque nos despistemos, será más fácil volver a un camino ya conocido que arrancar de cero con él.

Por lo tanto, hay una parte de chequear las formas automáticas que tenemos de hablarnos y otra de poderla entrenar. Y como toda actividad que hacemos por primera vez, es normal sentirse un poco ridícula. Puede ser raro observar tu diálogo interno para probar a ofrecerte una alternativa distinta. Al principio una puede sentirse un poco robótica y artificial. No te preocupes, es normal y es parte del proceso. A pensar como piensas y a tratarte como te tratas no aprendiste en un día. Date tiempo. Sin tiempo no cabe una mirada amable.

Una forma de entrenar el trato tierno hacia una misma es probar a pensar qué te diría alguien que te aprecia con respecto a eso en concreto o qué le dirías tú a alguien a quien aprecias. En esa búsqueda de personas que nos aprecian, no nos vale cualquier persona. Tiene que ser alguien por quien te sientas respetada, considerada, valorada, reconocida y bien tratada.

En este sentido, una parte de la dificultad tiene que ver con la confusión que muchas veces tenemos al respecto de lo que es un buen trato. Esto, a su vez, guarda relación con el tipo de cuidados que hayamos recibido a lo largo de la vida. También es posible que, en la búsqueda de esas personas que puedan ofrecerte una alternativa amorosa, no te encuentres con lo que necesitas. Estamos aquí para construirlo juntas y para que, como poco, tú puedas ofrecerte el tipo de trato que mereces.

Ante una escena en la que sentimos culpa por llegar tarde a un encuentro, es diferente decirnos algo como: «No pasa nada, esto da igual, yo soy muy buena amiga» que hablarnos con estas palabras: «Es normal sentirme culpable en este momento, sé que a X le molesta cuando las personas llegan tarde. Esto no me convierte en mala amiga, pero, precisamente porque me considero una buena amiga, lo quiero cuidar. Tiene sentido sentir cierta culpa siendo ella tan importante para mí».

El ejemplo anterior es relevante porque no tiene sentido acercarnos a la autocompasión desde un enfoque (erróneo) en el que solo nos centramos en decirnos cosas agradables y bonitas. No va tanto de eso, aunque también pueda incluirse, claro está, lo agradable y bonito. Hacer un esfuerzo robótico por decirnos cosas amables, sin pasar por comprender cuál está siendo nuestra experiencia interna presente, no suele ser muy útil. Necesitamos un mensaje amable que sea congruente con nuestra realidad de ese momento.

VÍAS DE ACCESO COTIDIANAS PARA FLEXIBILIZAR LA MIRADA

Otra vía de acceso para empezar a introducir conciencia en tu forma de mirar es tratar de pensar en lecturas alternativas en un momento específico. Me explico. Todo el rato estamos dando significado a la realidad. Para ese interpretar la realidad, llevamos nuestras lentes particulares puestas. Esto quiere decir que, generalmente, lo que concluyas tendrá que ver con ellas. Cuando te propones posibilidades alternativas, puedes observar en qué se diferencian de aquello que diste por comprendido. Por lo tanto, ofrecernos una mirada distinta a una situación concreta se parece a quitarnos las lentes de siempre un momento, ver borroso, y formular una hipótesis menos evidente, aunque inmediatamente después nos las volvamos a poner.

Ante un pensamiento como el siguiente: «Cada vez que voy a escalar, me encuentro con la misma chica que nunca me habla. No sé qué tiene en mi contra, siempre intento ser maja con ella, pero ella se niega a relacionarse conmigo», un cambio en la forma de mirar podría verse como: «Cada vez que voy a escalar, me encuentro con la misma chica que nunca me habla. Siempre tengo la sensación de que tiene algo en mi contra, pero quizá no sabe muy bien cómo acercarse. Es posible que ella tampoco sepa muy bien cómo relacionarse conmigo. También puede ser que realmente no quiera hablarme, pero eso no tendría por qué significar que tenga algo en mi contra».

Otro ejemplo más básico pero igual de importante a la hora de flexibilizar la mirada es: «Esa mujer que estoy viendo en la parada de autobús espera para ir a trabajar, ¡qué aburrimiento!», frente a: «Esa mujer está sentada en la parada de autobús esperando a que la recojan sus amigas para un viaje sorpresa».

Tal vez pienses que este segundo ejemplo no tiene demasiado sentido. Desde luego, nos lo estamos inventando. Sin embargo, suele ser un primer paso más sencillo a la hora de flexibilizar la mirada. Es decir, es más fácil poder imaginar escenarios alternativos ante una situación neutra que no nos moviliza demasiado internamente. Esto nos permitirá acercarnos a ese primer ejemplo, en el que sí hay cierta angustia y pueden activarse esas formas automáticas de rellenar huecos con más facilidad.

Pero es que, además, otro de los primeros pequeños pasos posibles es pensarte a ti misma diferente. Imaginarte haciendo algo nuevo ya es hacer algo distinto. Para poder hacer cosas diferentes, primero necesitamos pensarnos a nosotras mismas haciendo esas cosas distintas. Visualizarnos haciendo aquello que nos da miedo ya tiene algo de atreverse. Flexibilizar la mirada en torno a aquello que nos imaginamos pudiendo hacer permite que, en el próximo momento, eso pueda existir como posibilidad entre las demás opciones. Imaginar no conduce necesariamente a la acción, pero sí nos ayuda a guiar la intención. Es muy difícil hacer algo sin antes poderlo pensar.

Lo tranquilizador es que pensarte en situaciones concretas no te obliga a llevarte a ti misma a esas escenas. Puedes darte permiso para pensar cualquier cosa; no es obligatorio llevarlo a la realidad. Fantasear con algo determinado que te puedas ver haciendo en la vida tiene mucha más relación con ampliar la percepción que tienes de ti misma que con literalmente llevar a cabo eso concreto en la realidad (sin que sea incompatible hacerlo).

En este pensarte distinto...

¿Cómo es esa versión de ti que puede tratarse con ternura y amabilidad? ¿Cómo te la imaginas?

¿De qué maneras te imaginas cuidándote y *bien tratándote* en el futuro? ¿Cómo sería ese trato tierno también hacia las demás?

La invitación no es a cambiar unos pensamientos por otros, como a veces nos hacen llegar desde algunas perspectivas. Tiene más que ver con ofrecernos interpretaciones alternativas a modo de juego. Sustituir un pensamiento por otro como si fuera cambiar cromos es simplemente algo que no podemos hacer. Tiene más que ver con entrenar la curiosidad sobre nuestra propia mente (atendiéndola) y ofrecernos posibles escenarios nuevos.

7

Ser tú

Hemos llegado a ti.

Comienza una invitación a que puedas reconocerte considerando todo lo que hemos venido hablando hasta aquí.

Mirar amable solo es posible si somos capaces de ver con claridad. Y hasta que no puedes verte primero a ti misma con honestidad, es difícil poder ver nada fuera nítidamente. A la vez, hasta que no puedes procesar parte de la angustia interna, es difícil que te puedas interesar en profundidad por las otras personas y por el mundo. Muchas veces, hasta que no vamos integrando aspectos internos importantes, no podemos ver realmente lo que tenemos delante. Tampoco cuando lo que tenemos delante somos nosotras mismas.

¿De qué va reconocerse de forma compasiva?

Es algo así como observarse desde fuera y poder decir: «Sí, esta soy yo. Me veo y me reconozco. Me gustan algunas cosas. No me gustan otras. No tengo que gustarme toda yo. Me vale con reconocerme con ternura. Sentirme familiar». Y por otro lado: «También reconozco mi realidad. Mis privilegios, o la falta de ellos. Mis facilidades y mis dificultades. Me reconozco a mí misma dentro del contexto del que formo parte y de la realidad que me ha atravesado o me atraviesa».

CONDICIONES MATERIALES Y FISIOLÓGICAS

En el trato tierno hay un primer paso imprescindible, que es el reconocimiento de la propia realidad y sus circunstancias. La mirada justa que nos permite responsabilizarnos de lo que nos corresponde pasa también por reconocer aquello que, en cambio, no lo hace. La mirada amable hacia una misma y hacia las demás personas necesita pasar sí o sí por el reconocimiento de las dificultades y problemáticas —socioeconómicas, políticas, culturales, étnico-raciales, de género, familiares y relacionadas con la diversidad corporal y neurocognitiva— a las que cada persona se enfrenta. Esto es: hay una parte de la que no puedes responsabilizarte porque no te pertenece. Hay aspectos de la vida (la mayoría) en los que el trabajo individual que podemos hacer con nosotras mismas se queda corto y no alcanza a los cambios estructurales que necesitaríamos para poder mirar el mundo con esa mirada amable suficiente. Deseo que esto, en lugar de ser simplemente desesperanzador, pueda colocarte en un lugar realista en cuanto al trabajo posible que existe de una misma con una misma. Es limitado. Llega hasta donde llega. Y, sin embargo, es importante.

Por otro lado, ya hemos introducido parte del funcionamiento de nuestro sistema nervioso, que nos ayuda a entender por qué, para poder tratarnos compasivamente, necesitamos determinadas condiciones fisiológicas. Encontrarnos en un estado de alerta asociado al modo lucha/huida, o en un estado de congelación, nos impide acceder a esa mirada amable a la que nos pretendemos acercar. Por eso, en estados de desregulación —ya sea por hiperactivación o por colapso—, el camino más compasivo pasará por centrarnos en nuestro sistema nervioso, tratando de ayudarnos a volver a nuestra ventana de tolerancia lo antes posible. Solo desde un mínimo de seguridad fisiológica será posible activar procesos compasivos.

¿CÓMO SE SIENTE *SER TÚ*? ¿CÓMO TE HAS CONFIGURADO?

Solo tú sabes cómo se siente *ser tú*. Es evidente, ¿no? Muchas veces desde fuera se nos ha devuelto la idea de que otras personas saben más, que entienden mejor y que, por lo tanto, hay que hacerles caso. Además, hemos hablado de que, para podernos reconocer, necesitamos vernos en la mirada de las demás. Esa mirada hacia fuera para comprender algo de dentro que nos acompaña desde tiempo atrás. Y menos mal que existen otras personas en las que reflejarnos y con las que existir. Sin embargo, hay partes de tu experiencia que solo pueden ser contrastadas desde lo que tú sabes, desde lo que tú has vivenciado (tus muchas *yoes*). Otras mentes pueden ayudarnos a pensarnos, incluso pueden confrontarnos con aspectos inadecuados de una misma. Y, aun así, habrá una parte de la propia experiencia que solo tú conozcas, a la que solo tú puedas tener acceso.

La primera propuesta es poder revisar cómo te fuiste configurando a lo largo de la vida. Cuáles son esas partes de ti que fueron significadas positivamente y que se sienten propias; también esas que se lanzaron hacia atrás porque eran constantemente señaladas. Y esas otras que tampoco es que fueras, pero que hipertrofiaste en un intento de acercarte a eso que percibías que el contexto y, en concreto, tus figuras de referencia querían de ti.

Es una revisión de lo que somos. No desde la evaluación positivo-negativo, sino desde la toma de conciencia: «En esto me reconozco». Una relación compasiva con una misma pasa por mucha dosis de aceptación. Aceptación de lo que una es. De lo que dentro de una existe. De lo que una ha vivido. De cómo se fue configurando tu sistema nervioso, preparándose para un contexto amable o uno hostil. Aceptación no como resignación, sino como gesto de honestidad y de respeto profundo hacia todas las adaptaciones que tuviste que hacer —con la ayuda de tu cuerpo y de toda tu fisiología— para estar hoy aquí.

«Acepto mis formas, mis maneras, mis tendencias. Y desde ahí me hago cargo. No acepto como forma de no cambio. Acepto lo que veo en mí, lo que hay. Y desde esa aceptación es desde donde puedo cuidarme y responsabilizarme. Me reconozco en lo bueno, en lo malo, en lo agradable y también en lo difícil. Y no juzgándome tanto es justamente como puedo aceptar esa realidad en mí. Tampoco paso por alto aquellas cosas que me gustan de mí misma. Las reconozco también en su envergadura. Soy coherente con lo importante que es esa cualidad propia. La puedo reconocer con nombres y apellidos».

Al principio no es fácil reconocernos en las cosas que no nos gustan de nosotras mismas. Luego es un bendito alivio: hacer como que no existen las cosas que sí existen es un gasto energético inmenso. En cambio, es un ahorro energético poderlo mirar y hacernos cargo. Te imaginarás que, para poder responsabilizarte de las cosas, primero tienes que poderlas observar. El juicio no invita mucho a acercarse, a mirar de cerca; el juicio invita a empujar. Y empujando no podemos hacernos cargo de lo que es nuestra responsabilidad.

Por lo tanto, mirarse con cariño en aquello en lo que nos equivocamos no implica restar importancia a las consecuencias de nuestros actos ni desconsiderarlas. A lo que nos ayuda es a no decirnos que somos la persona más horrible sobre la faz de la tierra. Y no sintiéndonos la persona más horrible sobre la faz de la tierra, existimos un poquito más livianas. Y reparar y cuidar a las otras personas y a una misma requiere de mucha de esa sensación.

¿Qué partes rechazas de ti misma?

¿Cómo sabes que son partes que necesitarían *no existir en ti*?

¿Quién te hizo creer eso alguna vez?

¿Qué escenas de tu vida te recuerdan lo que *has* de ser?

¿Cómo cambiaría tu vida si pudieras reconocer como propias todas tus partes?

¿Qué dejarías de hacer?

¿Qué empezarías a hacer?

¿Cuáles son esas partes de ti que fueron de forma constante señaladas?

¿Qué es eso en lo que te cuesta reconocerte?

¿Cuáles son esas partes de ti que sí fueron reconocidas?

¿Te reconoces en ellas o te hacen sentir «no-tú»?

Si piensas en tu yo más auténtico, ¿qué aparece?

¿QUÉ NECESIDADES TIENES? ¿CUÁL ES TU CONTEXTO ACTUAL?

Pensar en la satisfacción de nuestras necesidades implica la aceptación misma de que esas necesidades existieron y existen. En ese reconocerte y revisarte hay una parte de *entender que necesitas y aceptar que necesitas.*

En el sentido amplio, es tener en cuenta que, como ya hemos hablado, las personas necesitamos cosas específicas para poder vivir (y no sobrevivir, aunque para esto también necesitamos algunas). En el sentido particular, están las necesidades específicas asociadas a ser quien eres y a haber vivido lo que has vivido.

Sería algo así como: «Tengo necesidades básicas por ser humana. Además, tengo necesidades específicas asociadas a la humana concreta que soy. En particular, tengo también necesidades específicas asociadas a mis vivencias traumáticas, así como a mis circunstancias».

La aceptación de las propias necesidades es un requisito a la hora de poder satisfacerlas adaptativamente. También el reconocimiento de las circunstancias en las que nos encontramos en el presente: puede ser que ciertas necesidades no tengan la posibilidad de verse cubiertas como mereceríamos.

Además, una de las grandes dificultades a la hora de conectar con nuestras necesidades reales es que, al hacerlo, nos encontramos también con todas esas veces donde no fueron cubiertas. Para poder mirar con honestidad qué es lo que anhelamos hoy, tenemos que poder abrirnos a observar todo aquello que no se dio como necesitábamos (y el daño que generó).

¿Qué dirías que necesitas por ser humana? ¿Con qué te quedas?

¿Qué dirías que necesitas por ser quien eres y haber vivido lo que has vivido? ¿Qué aparece?

¿Qué necesitas ahora en relación con tu contexto actual?

¿Qué aspectos no dependen de lo que tú puedas responsabilizarte ahora?

UNA VENTANA AL PASADO

Ya sabes que la manera en que empezamos a comprender el mundo en los primeros años de vida marca aquello que internamente esperamos, lo que a su vez acaba limitando aquello que externamente es posible para nosotras (a veces directamente no lo vemos). La revisión interna de aquello acontecido en nuestra historia y sus efectos en nuestra manera de vincularnos nos acerca a actualizar las lentes a través de las cuales miramos todo.

«Si no reviso mi historia, creeré que elijo lo que en realidad reescenifico. También veré la falta en cada relación, incluso en aquella que no la reproduce. A la vez, tendré muchas dificultades para entender el dolor pasado, sentido en escenarios presentes. Relacionarme conmigo misma y con otras de forma más consciente y compasiva pasa por revisar lo ya vivido».

Volvernos a contar la vida

Poder revisar la propia historia pasa, además, por poder *volvérnosla a contar.* Cuando revisamos nuestra historia, no solo hacemos un repaso de las escenas vividas. Ese repaso incluye la toma de conciencia de cómo esas experiencias fueron narradas. Esto es, cómo nos las narramos a nosotras mismas o cómo nos las narraron las demás. Parte del trabajo de revisión de la propia vida implica poder cuestionar esas conclusiones a las que llegamos; o a las que nos hicieron llegar.

Por ejemplo, al revisar tu historia podrías encontrarte narrando que, de adolescente, tenías muy mal genio y que siempre montabas líos en casa. Sin embargo, detrás de ese fragmento que emerge, puede haber una nueva narración posible (con la ayuda de tu mente adulta, que no existía en el momento de dotar a esa época de significado), en la que te des cuenta de que estabas profundamente dolida y siendo injustamente tratada de forma constante, lo que te hacía estar enfadada y reclamar el trato que merecías.

Revisitar el pasado tiene que ver con dar espacio y cariño a eso que tanto dolió y a lo que nadie pudo ponerle palabras ni ofrecerle sostén. Hasta que no sea atendido, seguirá llamando con insistencia a la puerta en forma de síntomas diversos o reaparecerá sistemáticamente en forma de escenas similares a las vividas.

Además, volvernos a contar la vida implica ir ordenando nuestra historia y, en ese recorrido, encontrarnos por el camino con escenas sin narrar, matices no considerados, momentos coincidentes en el tiempo que explican parte de nuestro malestar o de la estructuración de nuestro psiquismo, etc.

Dependiendo del nivel de confusión que haya —es decir, de la distancia entre la realidad que hemos vivido y la mirada que nos han ofrecido—, será más o menos difícil poder revisar nuestra historia y volvérnosla a contar. Por ejemplo, si en lo experiencial sentiste una profunda falta de cuidados, pero en tu entorno se sostiene una imagen de familia perfecta, cuestionar esa idea será un trabajo mucho más complejo de hacer que cuando lo narrado esté más cerca de lo experimentado (aun cuando esa narrativa sea dolorosa). Cuánta más distancia haya entre lo vivido y la versión que nos ofrecieron, más defensas se activarán en el proceso de ofrecernos una mirada más amable y compasiva.

Por otro lado, a la hora de revisar nuestra historia y tomar conciencia de cuáles de nuestras necesidades fueron cubiertas de mejor manera, cuáles *reguleras* y cuáles fueron directamente desatendidas, hay una revisión que tiene que ver con lo que sobró y otra con lo que faltó.

Aquello que faltó puede ser particularmente difícil de identificar. Algo así como que es difícil saber que efectivamente determinada necesidad fue desatendida, si no sabemos antes que ese algo existe, que ese algo podría haber existido. A veces lo podemos saber desde la lógica, porque lo hemos visto o nos lo han contado. Sin embargo, no siempre hay una toma de conciencia plena de que *ese algo* también debió haber existido para una.

«¿Cómo señalo la ausencia de algo? ¿Cómo aprendo a identificar que ese dolor que siento tiene que ver con algo que faltó si ninguna persona adulta me prestó la mente para ayudarme a ponerle palabras y darle sentido?».

A medida que vamos creciendo, por suerte, podemos ser esa adulta para una misma. Pero con eso no basta; podremos también buscar la ayuda necesaria para tratar de entender de dónde viene el dolor si supuestamente, al menos a nivel consciente, *nada faltó*.

Por el contrario, cuando sabemos que algo de la historia de nuestra vida nos generaba malestar, puede que sea un poco más sencillo identificarlo como fuente de dolor. Esto no quiere decir que sepamos darle la importancia y envergadura que tuvo, pero al menos es más probable que dándole espacio podamos reconocerlo como algo que generaba en nosotras un determinado impacto o reacción.

¿Qué sientes que faltó?

¿Qué sobró?

¿Cuáles dirías que han sido tus *formas por excelencia* de satisfacción de necesidades?

Un ejemplo muy común es el de la comida. La comida —por suerte, aunque también con sus dificultades— en general nos pilla bastante a mano. «Si soy pequeña y me estoy sintiendo solita, comer algo dulce es una forma bastante rápida de sentirme un poco mejor. Llena mejor que vacía».

Amabilidad hacia atrás

Tu experiencia de vida hasta ahora necesita de una mirada amable, en concreto con respecto a tus propios recursos. Estás aquí leyendo este libro. Has sobrevivido. No sé si quizá es una obviedad o algo que se sienta exagerado de leer, pero no es fácil sobrevivirle a la vida.

El trabajo de integrar la propia historia suele pasar en un primer momento por un gran dolor de lo que no fue, así como por aquello que fue que nunca tendría que haber sido. Para poder siquiera plantearnos resignificar partes de nuestra vida con cierta amabilidad, hay un trabajo previo y profundo que implica hacer duelos hondos y densos. Y aun así, muchas veces no cabe una mirada amable hacia las experiencias vividas.

Sin embargo, donde siempre cabe esa mirada amable hacia atrás es hacia ti misma. Hacia esa bebé, luego niña, luego adolescente que fue haciendo lo que podía en la vida con lo que había a su alcance. Me paro aquí para hablarte de cómo el egocentrismo infantil nos complica de manera significativa este proceso de amabilizar la mirada hacia una misma en el pasado.

El concepto del pensamiento egocéntrico infantil[21] se refiere a la forma en la que entendemos la realidad en etapas tempranas del desarrollo. En concreto, a la idea de cómo las niñas y niños atribuyen sentido a lo que acontece a su alrededor con base en su propio comportamiento o características. Esto quiere decir que una experiencia dolorosa será muy probablemente significada como algo causado por lo que una hace o es (en el mejor caso, con base en lo que una hace). Por lo tanto, a la hora de decirle a esa bebé, niña y adolescente que hacía lo que podía y que no es su culpa que no la pudieran mirar, sostener, proteger, guiar…, puede que te encuentres con esta dificultad: atribuirte un exceso de responsabilidad.

Por suerte, saber de dónde nace esta idea de sentirte la culpable de aquello que has vivido facilita al menos comprender ese sentir («Tengo la culpa»). Comprender ese sentir, por otro lado, nos acerca a poderlo cuestionar. Tiene que ver con poder acercarte a esas partes infantiles

dentro de ti con ternura y la mano tendida. Nos acercamos entendiendo que la culpa y la vergüenza que esa niña siente no le corresponden a ella y, sin embargo, tienen
un sentido de existir. Gracias a ellas, podrá mantener cierta
sensación de control. En otras palabras, sentirnos culpables
y avergonzadas de determinadas situaciones, aunque sea
injusto y perverso, nos devuelve cierto sentido de agencia.

«Mejor culpable que incontrolable».

Sin embargo, ya eres adulta. La capacidad de control y
agencia te pertenece. Tu vida también te pertenece. Ya no
dependes de forma completa de otras personas para satisfacer tus necesidades básicas. Ya puedes devolver la responsabilidad de tus dolores infantiles a quien le corresponda. También puedes agradecerte todo lo que hiciste para
estar hoy aquí. Mirándote, prestándote atención, profun-
dizando en formas más amables de tratarte. Es para estar
orgullosa. Si estás leyendo este libro, todo eso lo sé.

Pero ¿qué pasa con todas esas otras escenas ocurridas
atrás en el tiempo, pero de más adelante en la vida? Esas en
las que ya había una adulta responsable que no solo *hacía
lo que podía con lo que tenía*, sino que a veces hacía lo que
podía con lo que tenía y otras simplemente se equivocaba.

Dependiendo del tiempo que hayas vivido, habrás ido
acumulando un número más o menos razonable de errores
en la vida. Pues bien, la amabilidad hacia ti misma es lo que
permite lo único que puedes hacer: responsabilizarte para
reparar el daño en la medida de lo posible. Hacerte cargo.
No es una mirada tierna hacia el error en sí mismo. A veces

las consecuencias han podido ser muy graves, especialmente si son errores cometidos hacia personas a nuestro cargo, y en concreto, errores en los cuidados de niñas y niños. Amabilizar la mirada no implica quitarle importancia, sino justamente dársela (sin una actitud de hostilidad y crueldad hacia una misma). Con el objetivo de hacernos cargo, necesitamos ternura. Solo así podremos reconocernos responsables sin victimizarnos. Aquel que se victimiza no puede asumir la responsabilidad que le corresponde.

Un ejemplo sería esa madre que se pone a llorar por no ser suficientemente buena madre, pero que te deja entonces sin espacio para tu enfado y con la propuesta de, además, sostenerla tú a ella. Una madre suficientemente buena se siente culpable, pero se hace cargo. Su culpa le permite ofrecer los cuidados que ese momento requiere. Es una culpa ajustada y proporcional. También puede que te haga sin querer esa propuesta injusta anterior, pero que luego lo ponga en palabras y se disculpe por no haberte dejado el espacio que merecías.

«Lo siento de todo corazón. Estoy aquí para escucharte y hacer lo posible por reparar el daño que te he causado. Me he equivocado. No he sabido hacerlo mejor, pero era mi responsabilidad hacerlo. Soy consciente de que puede que nada de lo que intente te haga sentir mejor. Sin embargo, igualmente estoy aquí para seguir intentándolo y escuchar lo que necesites de mí ahora».

8

Accionar el buen trato

Para tratarnos de forma compasiva vamos a necesitar observarnos con atención, ser capaces de mentalizarnos (reconocernos y comprender nuestros estados mentales) y, desde ahí, tratarnos con amabilidad. Habrá quienes accedan con más facilidad a esa mirada amable, y otras para quienes resulte más difícil. Sin embargo, es entrenable para todas.

Y entonces ¿cómo se hace? ¿Cómo activar una mirada amable? No sé cómo se hace. Lo que sí sé son algunas de las intenciones y cualidades que nos pueden acercar a cultivar ese trato más tierno. Te ofrezco algunas ideas que creo que pueden servirte a la hora de explorar tu propia forma de accionar la ternura.

CURIOSIDAD EN TUS PROPIOS CUIDADOS

La forma concreta en la que necesitamos cuidarnos se mueve. Y como se mueve, te pide que mires, que prestes atención. Que se va a seguir moviendo y necesita de tu mirada, de tus intentos, de tu volver a atinar en las nuevas formas que necesitas para ser cuidada en las mismas cosas. En las mismas cosas pero distintas. Tus necesidades necesitan de tus ganas de cuidarlas. No de tu juicio por lo que no estás pudiendo hacer ahora, cuando antes sí que podías. O lo que no puedes aún. Necesitan que te acerques y lo vuelvas a intentar. Quizá de la misma forma. Quizá de una forma distinta. Necesitan de tu curiosidad.

Hay un constante volver al autocuidado que forma parte del autocuidado en sí mismo. A veces llegarás a los mismos lugares. Otras veces, a lugares distintos. Estar conectada con tu mundo interno y atenderlo como merece implicará hacer cosas absolutamente opuestas en momentos diferentes.

Cuidar el cuerpo es descansarlo y también lo es moverlo.

Cuidarte es comer hasta saciarte, pero también comer por el gusto de comer.

Cuidarte es empujarte un poquito a hacer eso que no te apetece y también lo es no hacerlo esta vez.

Cuidarte es comunicar y a veces no comunicar.

De hecho, tratarte con amor a veces va a significar que no sepas cómo es tratarte con amor hoy. Por un lado, porque no suele haber una única fórmula. Por otro lado, porque tratarse con amor suele estar en los puntos intermedios. Es el punto medio entre lo autoindulgente y lo excesivo. Y digo *el punto*, pero en realidad hablo de cualquiera de todos los puntos intermedios que encontramos en esa escala entre lo puramente negro y lo puramente blanco. Puntos, por cierto, no equidistantes. No es la perfección en el punto intermedio. Es más: «Ante estas dos posibilidades aparentemente opuestas que mi mente dicotómica me muestra, ¿qué otras opciones hay? (siempre las hay)».

Lo anterior nos ayuda además a flexibilizar la mente, que ya sabes que es un elemento clave en el trato tierno y atento hacia una misma y las demás personas. En la rigidez no cabe el amor porque en la rigidez no cabemos los seres de esta tierra. Eso no quiere decir que no haya aspectos que situemos más hacia el blanco metafórico o más hacia el negro, ya que, como decía antes, el punto intermedio no es el punto equidistante.

Y entonces, si no hay una fórmula exacta, ¿cómo se hace? ¿Cómo empezar a acercarte a ese trato tierno que mereces acorde a tus necesidades? Vamos a explorar esta pregunta sin respuesta clara juntas. Me gustaría invitarte a hacerte a ti misma la siguiente pregunta: «¿Qué estrategias me han servido para darme los cuidados que merezco?». Digo estrategias por decir algo, porque no serán solo *estrategias*. Serán estrategias, pero también formas de acercarte a ti misma, reflexiones, escenas de tu vida, actividades, hobbies, relaciones… Aquí cabe todo aquello que consideres que te sirve o ha servido. Digo «ha servido» porque no todo lo que sirvió sigue sirviendo, y está bien.

¿Qué te ha servido a la hora de ofrecerte los cuidados que mereces?

¿Qué te ha dejado de servir? ¿Qué se ha movido?

¿Qué de lo que intentas hacer no te termina de ayudar a pesar de tu insistencia?

¿Qué te gustaría hacer diferente?

¿Cuál sería el primer paso en ese hacer diferente?

¿Qué cosas no has probado aún?

Así que, de nuevo, ¿cómo se hace? ¿Cómo empezar a acercarte a ese trato tierno que mereces acorde a tus necesidades? Haciéndote preguntas. Acercándote con curiosidad a eso que tal vez estés necesitando, explorando tanto aquello que en su momento sirvió como lo que no has probado aún. A veces, para que ocurra algo diferente necesitamos probar algo distinto. No porque ese *algo distinto* vaya a ser la solución definitiva (no existe), sino porque puede ofrecernos nuevas sensaciones que observar: nueva información para seguirnos pensando y acercarnos a aquello que, en el presente, podría ayudarnos.

Esta curiosidad te servirá no solo para el propio trato —¡por suerte!—, sino que es una cualidad también necesaria para las relaciones tiernas con las demás. Las otras personas también se merecen que podamos relacionarnos con ellas desde este deseo de comprenderlas y estar presentes del modo que necesitan.

DAR ESPACIO Y SALIDA A LO QUE EMERGE

La multitud de aspectos que pueden aparecer al prestarte atención son infinitos. Al observar lo que hay dentro de nosotras, nos encontramos también con aquello que *empuja* dentro de cada una. Por lo general, nuestros procesos internos nos invitan a hacer algo con ellos. Aquello que sentimos, aquello que nos preocupa, que nos ilusiona, que nos entristece, que nos enfada... nos invita a algún tipo de movimiento, esa tendencia a la acción de la que hemos hablado. Dependiendo de qué sea eso específico a lo que estemos atendiendo, darle espacio y salida se verá de una u otra manera.

Podrías encontrarte con lo enfadada que estás por sentir que tu jefa te trata injustamente. Lo dolorosa que fue la pérdida de tu gato hace unos años, aunque no pudieras atenderlo en el momento que ocurrió. Puede que te encuentres con las múltiples violencias que has vivido a lo largo de tu vida. O quizá con los deseos que llevas meses posponiendo. Puede que aparezca una tristeza profunda que no comprendas. O un ataque de rabia repentino. Puede que tomes conciencia de errores cometidos en el pasado que quedaron sin reparar. De un dolor en el estómago que te recuerda a cuando eras niña o niño sin saber por qué. Una desesperanza profunda.

La invitación es a poder preguntarte, tú también, con qué sospechas que te encontrarías. Sabiendo que probablemente aparezcan cosas importantes mientras que otras, igual o más relevantes, queden fuera de consciencia.

Cada uno de los escenarios de esa lista nos encaminarían probablemente a formas de resolución diferentes. Algunas tendrán más de proceso interno que de resolver en la vida. Otras quizá tengan más de accionar en la realidad; por ejemplo, movilizarte en la dirección de lograr tus deseos. Sin embargo, lo esperable es que todas tengan una parte interna que revisar.

Dentro de las posibilidades, puede que te encuentres con temáticas de mayor o menor importancia en tu vida y también de mayor o menor entramado emocional. En este sentido, puede que sea más fácil dar una respuesta ante una escena injusta que has vivido con amigas de una red segura que protegerte frente a un jefe violento. Sin embargo, es probable que ambas te conecten con experiencias antiguas y que eso repercuta en los movimientos que sientas que puedes permitirte.

Otras veces la respuesta que dar en la vida es mínima. No hay una escena específica que requiera una acción por nuestra parte. A veces solo hay que llorar todo el horror. Llorar el horror lo mueve. Claro que no solo y no siempre. Llorar todo el horror lo mueve muchas veces, especialmente cuando de fondo nos sentimos acompañadas. No necesariamente quiere decir que nos acojan en concreto en «*esto que estoy llorando ahora mismo*», que también. A menudo tiene que ver con sentir la red de apoyo que te sostiene al acercarte, a veces acompañada y otras en absoluta intimidad, a los dolores más profundos de tu corazón.

Además, de algún modo, poder acercarnos a lo que más duele habla de que hay recursos internos emergiendo. No es cuestión de valentía. Me refiero a que nuestro psiquismo no nos deja conectar fácilmente con aquello que no estamos preparadas para procesar. Puede que en contextos poco protectores se nos pueda empujar a ello por falta de cuidado o conocimientos. Pero, en general, aquello que va emergiendo naturalmente en el psiquismo es aquello que de alguna forma *puede permitirse emerger*. Y si puede permitírselo ahora, y no antes, hay recursos internos movilizándose en ese preciso momento para hacerlo posible.

CUMPLIR LA PALABRA CON MIMO

Tratarnos con amor pasa también por los compromisos que podamos asumir con nosotras mismas. Una forma importante en la que poder comenzar a tratarte compasivamente tiene que ver con cumplir la palabra. Tú palabra vale algo. Vale mucho, de hecho.

Imagina que vivieras con una niña pequeñita a la que cuidas…

Una noche le dices que al día siguiente vais a ir a correr al parque, pero no vais.

Otro día le dices que le vas a preparar una sopa calentita porque su cuerpo lo va a agradecer, pero finalmente no se la preparas.

En otra ocasión le dices que la vas a llevar al dentista para cuidar de sus dientes. A ella no le gusta el dentista, claro, le asusta. Y tampoco la llevas.

¿Cómo intuyes que se sentirá esa niña?

Esa niña que no recibe los cuidados prometidos: ni lo agradable, ni lo que requiere tiempo y mimo, ni tampoco aquello desagradable que, a pesar de serlo, la cuida.

Se siente abandonada.

No importa lo bonito que le hables, lo mucho que le digas que la quieres, lo mucho que te intereses por lo que necesita, si no apareces con ella a cuidarla en la vida.

Tratar compasivamente no es solo hablar con ternura. No es solo interesarse con ternura. Es accionar la mirada amable. Tratarte con mimo tiene que ver con hacer los esfuerzos tiernos que necesitas. Es un empujoncito amoroso, una mano tendida.

Claro que tampoco te vas a llevar a tu niña o niño a la fuerza. No vas a decirle que dijo que quería ir al parque y, por lo tanto, ahora está obligada a ir. Diga lo que diga. Se ponga como se ponga. Pero sí acompañarla según lo que ahora necesite. Teniendo en cuenta que puede que lo que necesite no sea lo que le apetezca. Considerando lo anterior, ¿cómo sería impulsarla con amor?

Cuando veo a personas llevando sanamente la supuesta idea de fuerza de voluntad, en realidad lo que yo escucho de fondo es fuerza de amor. Hay ese *cumplir la palabra con mimo*.

«Lo hago porque merezco este esfuerzo. No lo hago porque soy una mierda y tengo que machacarme para quizá algún día dejar de serlo. Lo hago porque me merezco este amor, me merezco estos cuidados, y desde ahí puedo sostener la incomodidad que me produce movilizarme hasta ese lugar al que quiero ir, al que quiero llegar».

Es bonito revisar en qué tareas, actividades o momentos del día conectamos fácilmente con esta sensación. Identificar qué aspectos de tu día a día te conectan con esta *fuerza de amor* puede ayudarte a recordar esa intención que buscamos activar con respecto a tu propio trato. A mí, por ejemplo, me permite en concreto alimentar a mis gatos sin esfuerzo. En realidad, no es que no haya esfuerzo, a veces estoy muy dormida. Pero no hay lucha. Lo hago porque los quiero, porque les debo mis cuidados y porque puedo ver sus necesidades, y eso me hace inevitablemente quererlas considerar.

Por otro lado, en esos cuidados que puedo ofrecerles, también hay límites. No les doy comida que les siente mal, aunque la pidan. Claro que puede haber excepciones, pero poniéndoles límites los cuido. Puedo ponerles límites sin demasiado esfuerzo porque me importa cuidarlos. La idea es poder acompañarnos desde ese mismo lugar a nosotras mismas.

«Me acompaño porque me merezco esos cuidados. También me pongo límites, porque, de nuevo, me merezco esos cuidados. No abandono a la niña en lo que no le apetece hacer. Me siento con ella y vamos juntas».

Por lo tanto, además de permisos («Hoy descansaré porque estoy agotada»), nuestra salud mental necesita oportunidades («Estoy muy cansada, pero sé que necesito movilizar mi cuerpo especialmente hoy. Haré lo que se sienta bien en este momento, pero me daré la oportunidad de ver qué lo hace»).

¿Crees que sueles cumplir tu palabra con respecto a tus propios cuidados?

¿Hay compromisos internos que se sientan más fáciles de cumplir que otros?

¿Se te ocurren aspectos de tu vida que te conecten con esa *fuerza de amor*?

¿Alguno que tenga que ver contigo misma?

¿Encuentras un ejemplo de cómo te abandonas en tus cuidados?

¿Encuentras un ejemplo de límites propios que necesites?

Ojalá te lleves la idea de cambiar el hacer algo por disciplina o fuerza de voluntad a hacerlo por amor. Cualquier acto de autocuidado te acercará al bienestar solo si te lo regalas como un gesto de cariño hacia ti misma. Es importante que lo que puedas aprender sobre una vida más consciente y compasiva no se convierta en otro lugar desde el que agredirte. Esto aplica también a todo lo que estás leyendo aquí. A cuidarnos no puede movernos el odio, solo el amor. Léelo otra vez.

NECESITAS DE ENERGÍA

Claro que, para poder *cumplir la palabra con mimo* y darnos a nosotras mismas oportunidades reales, necesitamos energía. No hace falta estar rebosantes, pero sí contar con algo disponible. Sin embargo, si la energía que necesitábamos para darnos esas oportunidades ya ha sido consumida en su totalidad por otras personas —favores, peticiones, responsabilidades—, no habrá cupo para más. Cuando nos pasamos de energía hacia fuera, es probable que no quede para la parte que implica cuidarnos, por mucho compromiso que hayas establecido. Mereces hacer por tu propio bienestar al menos el mismo esfuerzo que haces por el de los demás.

«Si tengo muy poca batería, prácticamente cualquier cosa se va a sentir demasiado para ese nivel de energía disponible».

En las ocasiones en las que sintamos que no queda energía, la invitación es a hacer lo que sí sea posible. Si no movilizamos ese poquitín de energía existente, acabaremos teniendo aún menos energía disponible. Esto es, cuando estamos en niveles de activación muy bajos, necesitamos hacer lo posible para movilizarnos, siempre dentro de lo que esté al alcance en ese momento concreto. Para poder generar energía, necesitamos un mínimo de energía previa. La vitalidad necesita en sí misma de vitalidad. Si intentas encender un fuego con una chispa demasiado débil, no encenderá.

Por ejemplo, para poder hacer ejercicio y generar energía —aunque también la consuma—, necesitas de cierta energía que te permita arrancar en primer lugar. También necesitarás parar antes del agotamiento, antes del gasto de toda la energía disponible.

Es decir, «si mi nivel de energía no me permite ducharme, tendré que ver si puedo cambiarme al menos de ropa. Si eso no es posible, tendré que ver si puedo lavarme la cara. Si eso no es posible, tendré que ver qué sí lo es».

De alguna forma, la propuesta es también entrenarte en saber cuál es el mínimo posible de una tarea, una actividad, una gestión, etc. A veces ese mínimo posible es lo único que podemos hacer. Ya sé que sabes que no siempre será así, pero, a veces, partir las cosas en trozos muy pequeños es lo que nos permite seguir moviéndonos en la dirección de lo que necesitamos.

Recuerda, cumplir la palabra tiene que ver con poder movilizar la energía que requiere aquello con lo que te comprometas contigo misma. Para eso... ¡necesitas energía disponible! Especialmente para esos cuidados necesarios que no recibiste de forma consistente por parte de quienes tenían la responsabilidad de asegurártelos a lo largo de tus primeros años de vida. Cumplir la palabra con mimo: amor + energía.

PERMITIRTE E IMPULSAR EL JUEGO

Dentro de las oportunidades tiernas que tu salud necesita, hay un grupo de ellas que toman forma de juego. Necesitas jugar. La niña o niño dentro de ti necesita jugar. Y la adulta dentro de ti también lo necesita. Cada parte a su manera. Tratarse con ternura pasa por dejarse ser y hacer espontáneamente.

Para explorar la idea de cómo jugar, te invito a preguntarte literalmente qué es lo primero que te viene a la cabeza cuando te imaginas a ti misma jugando. Puede ser algo que te resulte evidente porque lo hagas a menudo, o puede ser también algo que te sorprenda porque no lo hayas hecho nunca y tampoco lo pretendas. O puede ser que no venga nada. Solo date un momento para ver si aparece algo. Si no, no te preocupes, puedes llevarte esta pregunta contigo y revisarla de tanto en tanto. El juego está a la vuelta de la esquina. Te lo prometo.

Una vez que te hayas preguntado esto, te invito a hacer un micropaseo al pasado para revisar a qué jugabas. «¿A qué me gustaba jugar?». Elige el pasado que *más fácil se sienta*. La idea es buscar un momento de juego en tu historia, una escena que se sienta liviana. Puede que venga algo o que, de nuevo, no venga nada. Lo que sea, está bien. Deja a tus defensas hacer su trabajo. Si no aparece nada es porque no tiene que aparecer. Puedes preguntarte qué podría gustarle a tu adolescente o a tu niña/o.

A mí se me ocurre que a mi niña le encantaría hacer fuertes, construir cabañas o básicamente jugar a las casitas versión tamaño humano. De hecho, diría que es un tipo de juego para el que no he tenido permisos suficientes a lo largo de la vida y que ahora, como adulta, me veo haciendo constantemente: mover cosas, crear nuevos espacios, desordenar y ordenar distinto. Te ofrezco este ejemplo para que puedas revisar también de qué formas juegas ahora mismo en tu vida. De adulta, ¿cómo juegas? Si te apetece explorarlo, esa puede ser una puerta de conexión con lo que les gustaba a partes más infantiles de ti. O quizá no y más bien la sorpresa sean los nuevos juegos que han aparecido. Sea lo que sea, la parte de ti que quiere jugar necesita algo de hueco. Házselo. Y cumple tu palabra. *Con mimo.*

El juego puede ser vestirte diferente, pedir un plato que en principio no elegirías, ducharte con agua fría, pegar un grito con toda tu energía, girar a la izquierda en vez de a la derecha, cualquier actividad manual, ver un documental, leer un cómic, comprarte pegatinas, prepararte un chocolate, hacer una voltereta. En serio, cualquier cosa. Jugar va de hacer eso que se te ocurra de pronto. Estas son las cosas que a mí me han venido a la mente. Te invito a hacer tu propia lista sin mucha reflexión de por medio.

CONDICIÓN PARA PODER JUGAR Y EXPLORAR: SENTIR SEGURIDAD

Para poder salir al mundo a explorar, necesitas sentirte suficientemente segura.[22] Y para eso, de nuevo, necesitas ternura. Los dos sistemas biológicos con los que venimos al mundo son el de apego y el de exploración. Ambos sistemas están entretejidos y dependen el uno del otro. Algo así como los brazos que sostienen y los que empujan con cariño al mundo. Cuando hablamos de tratarnos con ternura como condición imprescindible para poder atrevernos a conectar con la curiosidad y salir a explorar, estamos hablando de ser para nosotras mismas una base suficientemente segura que invite a esa exploración con cariño. Esa figura que te impulsa a salir al mundo con todo lo que eso implica: la alegría del descubrimiento y el asombro, pero también la existencia de riesgos y fallos.

En cuanto a los riesgos de la vida, es esa figura que te puede acompañar de una forma en la que puede sostener sus propios miedos sin dejarte tampoco sola. Te acompaña sabiendo que hay riesgos en el salir al mundo y que puede que la necesites. Incluso te avisa de los riesgos de vez en cuando, pero lo hace en la justa medida, ofreciéndotelo al ritmo en el que tú lo puedas procesar para cuidarte sin que eso te paralice. Te acompaña sin activar en ti un estado de hiperalerta. Es esa mano tendida que a la vez sabe poderte soltar.

Por otro lado, es esa figura que sabe que los errores forman parte de la existencia, de manera que puede acompañarte amabilizando los errores que cometas, a la vez que te ayuda a que puedas responsabilizarte. No te asusta con el cometer errores, pero sí te advierte con cariño. Tampoco quita importancia a los cometidos, sino que les da la importancia necesaria, siempre conectándola con la responsabilidad propia y con la posibilidad de reparar.

«No soy para mí misma ese profesor puñetero que no hace más que perseguir y angustiar. Busco ser para mí misma esa profesora divertida que invita a explorar, que alimenta la curiosidad, que nutre la sensación de capacidad.

Y dentro de este juego, me sigo cuidando. Hay límites en el juego para que sean seguros. Por lo tanto, tampoco soy esa otra persona adulta que no hace ni caso a mi niña y la deja sola haciendo lo que puede. Soy para mí misma esa adulta que impulsa y protege, motiva y sostiene».

LLAVE FISIOLÓGICA: LA RAMA VENTRAL DEL NERVIO VAGO

Ya hemos adelantado que, para poder tratar con ternura, necesitamos más que intención: nuestro cuerpo necesita sentirse en un rango de seguridad suficiente. A ello nos ayuda la activación de la rama ventral del nervio vago. Esto quiere decir que en tu cuerpo existen rutas posibles hacia la calma. Aquí solo podemos asomarnos a esta llave fisiológica de forma introductoria.

Algunas prácticas suaves que pueden ayudarnos a activarlo son el movimiento rítmico, las respiraciones lentas con exhalación prolongada, hacer vibrar la voz (tararear, cantar), la presencia de entornos reguladores como la naturaleza o el simple gesto de ofrecerte contacto físico con una mano en el pecho.

Muchas de estas prácticas pueden cultivarse en soledad. Sin embargo, la rama ventral del nervio vago se activa especialmente cuando nos sentimos acompañadas y sostenidas.

9

Relacionarnos con ternura

La manera de tratarnos se cuela en nuestras relaciones: tanto el juicio como la ternura. Esto implica que una voz crítica muy potente también afecta a la forma en la que podemos mirar nuestro mundo y a las personas que existen en él. Todo lo relacionado con el propio trato tierno repercutirá también en la manera en la que puedas relacionarte con las demás.

Una mirada amable hacia ti misma generará un impacto en la mirada tierna general que puedas tener hacia las personas y hacia la vida. Te verás mirando con amor al resto fácilmente cuando puedas acercarte a ti misma con amabilidad. Por otro lado, te verás sintiéndote amorosamente tratada cuando estés cerca de personas que pueden mirarse a sí mismas con cariño y ternura. El amor genuino se siente *rapidito*. La hostilidad, también.

Esto implica que todo lo que ya hemos mencionado es aplicable al trato necesario a la hora de relacionarnos de forma compasiva: prestar atención a las otras personas a la vez que las dejamos un poco en paz (no las perseguimos o hipervigilamos, pero tampoco las abandonamos), hacer hueco para aquello que necesite emerger en la relación, revisar la forma de hablarnos para decirnos distinto, interesarnos por los cuidados que la otra persona y la relación necesitan, tratar de cumplir la palabra con mimo, impulsar el juego compartido.

Lo anterior no quiere decir, desde luego, que tengamos que tratar tiernamente a todas las personas en todas las circunstancias. En la práctica, se siente como una inercia amable general desde la que podemos adaptarnos a la situación, según se requiera, pero sin que el juicio invada todo desde el primer momento.

Mirarnos y mirar con ternura nos hace sentir conectadas a la realidad de la que formamos parte. Pensar bien de las otras personas —no idealizarlas, sino verlas con matices y humanidad— nos permite mantenernos conectadas. Es una forma ajustada de mirar que incluye la complejidad.

No es una mirada tierna incondicional. Es una mirada tierna de partida.

CONCIENCIA DE LA HUMANIDAD COMPARTIDA[23]

La toma de conciencia de nuestra humanidad compartida tiene un lugar en el trato compasivo en cuanto a que nos permite reconocernos parte de la condición humana. Este concepto nos habla de cómo todos los seres humanos experimentamos dificultades en el proceso de existir.

Es la idea de que experimentar la vida humana con lo tierno, pero también con lo doloroso, no es solo cosa de una. Las dificultades, los errores, los aparentes fracasos, incluso las tragedias son parte de ser humanas.

Tener conciencia de nuestra humanidad compartida sería algo así como: «No soy la primera humana experimentando esto que experimento en este momento. Ni las experiencias agradables ni las desagradables me pertenecen más que al resto de las personas. Tampoco los fracasos ni los aciertos. Reconociendo mis privilegios, o mi falta de ellos, puedo también ver que el sufrimiento es intrínseco a la vida y que mi dolor no es único ni está por encima del de las demás. Me equivoco como el resto de las personas. No soy la única, ni soy inadecuada; me encuentro con aquello que la vida trae, aceptando lo que no puedo cambiar y responsabilizándome de lo que sí puedo».

Tiene que ver con salir del egocentrismo infantil desde el que creemos que aquello que nos ocurre es más importante que lo que le ocurre al resto, que los errores que cometemos son más grandes y más dignos de castigo que los de las demás personas, que la dificultad en la que nos hallamos es más irresoluble que cualquier otra, etc.

Lo contrario tampoco incluye considerar la humanidad compartida. Cuando jugamos el rol de «lo mío no es importante porque *mira toda la tragedia que ocurre en el mundo*» tampoco estamos siendo compasivas. Bajo este enfoque es muy fácil entrar a comparar sufrimientos y que el dolor de aquel que tenemos justo al lado tampoco nos resulte suficiente. Esto, desde luego, no implica ser incapaces de reconocernos privilegiadas frente a otras realidades. Implica más bien aceptar que, aun en nuestro privilegio, merecemos tratarnos con cariño en el dolor. Y así, ojalá, poder cuidar también del de otras.

Desde esta perspectiva, tampoco señalamos como incomprensible aquello que no tiene que ver con una, sino que podemos entender que hay algo de humano en todas las formas que tenemos las personas de vivir la vida y, más específicamente, que hay algo de humano en cada vivencia humana. Eso quiere decir que, aun no comprendiendo exactamente algo, no lo juzgamos. Es una mirada amable y humilde desde la que podemos reconocernos a nosotras mismas teniendo conductas parecidas en circunstancias similares.

Tiene que ver con esa idea de la que hablábamos al principio de no partir el mundo en dos, sino reconocer dentro de una misma todo lo que potencialmente señalaríamos en la otra como incorrecto: agresión, perversión, maldad, desconsideración… Pasa por no ver a la otra persona como defectuosa, sino verla siendo y actuando como resultado de su vida y circunstancias, sin desconsiderar por ello su responsabilidad. Y lo que es más importante: pasa por reconocer la necesidad humana común de ternura.

Poder acercarnos a un estar más tierno tiene que ver con sabernos —a nosotras mismas y a las otras personas— merecedoras de esa mirada amable. Sin seleccionar a unas u otras personas como dignas o no de amor. Lo anterior solo es posible si nos reconocemos —nosotras también— en las sombras y los errores, típicamente humanos. Podremos mirar con cariño y comprensión, incluso en eso que no compartimos, solo siendo conscientes de la dificultad de la experiencia humana y de cómo todas sufrimos; a veces por cosas diferentes, pero sobre todo por cosas parecidas.

EXISTENCIA COMPARTIDA

Nos relacionamos no solo con las demás personas, sino también con el mundo que habitamos, con todo lo demás. Al pensar sobre la humanidad compartida, me viene a la mente un concepto más amplio: la existencia compartida. Si la humanidad compartida nos aleja de una mirada individualista, la existencia compartida nos recuerda que la vida humana es solo una de muchas formas de vida posibles. Aunque a veces no lo parezca.

De hecho, en la ciudad parece que la vida humana es la única que existe. Puede que no te sientas tú específicamente muy protagonista, pero desde luego el ser humano lo es. Por supuesto, los animales que viven en la ciudad acaban de alguna forma sometidos igualmente a este ser humano protagonista. En ella y su ritmo frenético es muy difícil pararse a mirar. En la naturaleza, en cambio, se esfuma lo de ser *main character*. La inmensidad que tenemos delante se hace demasiado evidente.

Así, podemos hablar de la existencia compartida como forma de considerar que el amor y el dolor inundan todo lo que existe y que cada ser de esta tierra aprende a serlo gracias al amor y a pesar del dolor. La atención plena y el reconocimiento de la humanidad —y existencia— compartida es el contexto o el terreno fértil en el que podemos cultivar la amabilidad hacia una misma y el resto de los seres.

LAS OTRAS... ¡SON OTRAS!

El reconocimiento de la humanidad compartida incluye la individualidad. Es decir, humanidad compartida pero no exacta: diferente. Reconocer a la otra como distinta a una misma es la base de poder relacionarnos con ternura. «La otra es otra, *no es yo*» es el punto de partida para podernos relacionar desde la persona que cada una somos.

Para poder relacionarnos, para poder compartir tiempo juntas, hay que ser dos diferentes. Para poder decir que dos cosas están cerca, necesitamos poder hablar de dos cosas separadas. La fusión no nos deja estar junto a la otra persona. Junto a la otra *como persona*, como sujeto independiente. Para que pueda existir una relación hace falta un *espacio entre*. Se requiere dar lugar a la otra como sujeto diferente a una.

La intersubjetividad implica una relación de reconocimiento mutuo en la que podemos experimentar la conexión que tenemos con otra persona diferente de una misma. Se experimenta a la otra como *sujeto afín,* como otra mente con la que se puede compartir, contando cada una con un centro de sensaciones y percepciones distinto y separado.[24]

Hace poco tuve una conversación muy bonita con mi pareja que me recordó justo a esto. Nació de una escena en la que yo le leía un trozo de este libro que está en tus manos y notaba que él perdía la atención. Le dije algo así como: «Esto que estoy leyéndote no te importa, no lo puedes ni disimular». Él me contesto algo parecido a: «Las cosas que te importan me importan, pero tienes razón, no todas me interesan de la misma manera que a ti. Algunas no las llego a comprender».

En otro momento de la vida, esa contestación me hubiera enfadado bastante. Por suerte, pude decirle más o menos: «Tienes razón. Puede que esto de lo que te estoy hablando no te llegue a interesar en profundidad nunca. Sé que yo sí te intereso. A mí tampoco me interesan mucho algunas cosas que para ti son muy importantes. Y, a veces, también se me nota. Con todo lo que compartimos, es un alivio saber que hay partes que solo nos pertenecen a cada uno. Qué aburrido sería que nos interesaran exactamente las mismas cosas».

De esto va el *espacio entre.* Está relacionado con poder ver que, de nuevo, por suerte, las otras son otras diferentes. Para así podernos relacionar sin fagocitarnos, manteniendo áreas compartidas y áreas exclusivas. En este caso, pensaba en la importancia de poder admirar a las otras

personas en eso que es importante para ellas, sin que necesariamente tenga que convertirse en un interés propio,
aunque pueda serlo. El reconocimiento de la otra como
sujeto es particularmente importante en los vínculos estre-
chos en los que nos acercamos lo suficiente como para
correr el riesgo de olvidarlo. Existe el peligro de pasar por
alto que la otra persona es un sujeto, no un objeto. No nos
pertenece y no sería justo tratar de transformarla en algo
diferente a sí misma.

El trato tierno y vivo

Por otro lado, para podernos acercar a una vida amorosa
hacia una misma y hacia las otras personas, tenemos que
poder reconocer la agresividad que hay dentro de todas
nosotras y lo esencial de su existencia.

Esa mirada tierna de partida nace de un impulso. Está viva. Para poder tratar tiernamente desde un impulso de
amor, tenemos que poder estar conectadas energéticamen-
te a la vida. Cuando estamos desvitalizadas, desconectadas
de nuestra potencia, no podemos tratar con amor genuino;
nuestros sistemas internos de seguridad no se lo pueden
permitir. Un gesto puede parecer amable sin nacer de la
ternura: la ternura sin potencia suele ser más bien complacencia. Tratar con compasión no tiene que ver con forzar el
trato. No es una mirada complaciente y forzada. Es la mirada amable —y viva— posible.

Sin embargo, a veces podemos conectar con un dolor específico que tiene que ver con el deseo de escapar de la potencial vitalidad —y agresividad— dentro de una. «Hay un anhelo de que no se active en mí esa energía que me hace quererte gruñir. Aunque no te gruña».

El miedo no es solo a *actuar* la rabia y comportarse de forma agresiva, lo peligroso ya es simplemente sentirla. De niñas era tremendamente amenazante percibir la rabia activándose dentro, sin un adulto que la sostuviera y le diera sentido. Ser adultas pasa por explorar nuevos lugares en los que situarnos ante nuestra potencial agresividad que no resulten una y otra vez en tenerla que desactivar.

Esa rabia, ya hemos hablado de lo necesaria que es. Dejarse estar rabiosa no es incompatible con proteger a las otras personas de nuestra capacidad para dañarlas. Recordando, a su vez, que nos ponemos en riesgo cuando intentamos relacionarnos con todas las personas desde el mismo lugar amable. Por lo tanto, actuar tu rabia puede ayudarte y protegerte. No tiene ningún sentido explicarle a un león hambriento por qué no te tiene que comer. Lo protector, a veces, es atacar (conectadas a ese potencial agresivo). Ya hemos visto también que puedes aprender a observar y a descargar tu rabia sin necesidad de hacerla desaparecer para que no se convierta en agresión. Capacidad de agredir, incluso ganas de agredir, no es igual a agresión.

Tratarnos compasivamente, entonces, necesita de la capacidad de podernos gruñir cuando sea necesario. En el gruñido no tiene por qué haber hostilidad; hay límite, hay

freno. A veces podremos bufarnos como gatitos, recolo-
carnos y volvernos a acercar. La mirada tierna de partida
incluye podernos empujar metafóricamente, sin pellizcar-
nos de forma retorcida.

10

Dinámicas vinculares

En los vínculos de mayor intimidad, como las amistades profundas, los lazos familiares o las relaciones afectivo-sexuales, es habitual que emerja nuestra historia de una forma más evidente y movilizadora. Por eso es importante recordar que en ellos y, en particular, en los conflictos es esperable que se activen *partes internas propias* y que se encuentren con *partes internas de la otra*. Con cierta probabilidad, nos encontraremos mutuamente desde nuestras partes más reactivas o heridas.

La invitación es a ayudarnos a recordar que eso con lo que nos estamos encontrando es parte de quien tenemos delante, pero no es ella completa. Se trata de cuidar el llegar a conclusiones rígidas sobre la otra persona basándonos en interacciones concretas y limitadas. Es ubicar lo que no nos gusta de ella dentro del conjunto de todo lo que es, reconociendo que esa parte no es lo único que la conforma (siempre y cuando así sea). Es una perspectiva generosa con respecto a la mirada hacia la otra, que no desresponsabiliza de los cuidados merecidos ni quita importancia a la transgresión de límites. Es la misma mirada generosa que tratamos de ofrecernos a nosotras mismas, esa que no es falsa ni distorsionada por su condición amable.

Implica poder reconocer las partes que pueden conectarnos con la otra persona y también las partes que nos alejan —y que nos pueden hacer considerar no vincularnos más— e incluirlas todas ellas dentro de una visión completa, no fragmentada. Lo anterior cabe aun en interacciones cotidianas del día a día con personas con las que no tenemos un nivel de vinculación muy alto.

UN ENREDO VINCULAR

¿No te ves en las mismas escenas vinculares una y otra vez? Este *otra vez pasando lo que siempre ocurre*. Cuando siempre ocurren las mismas cosas, es probable que, en esas mismas cosas, estemos nosotras también haciendo algo parecido. La parte compleja es que aquello que hacemos, en esas escenas repetitivas, hace justo *match* con la propuesta relacional que la otra persona nos ofrece. Nos vemos enredadas ahí donde conecta el dolor de dentro de cada una, ese asociado a nuestras historias vinculares. Esto, a su vez, indica un gran potencial sanador mutuo siempre y cuando sea una relación horizontal (ninguna parte está por encima de otra).

Voy a ofrecerte un ejemplo de un choque típico de necesidades relacionales: alguien necesita acercarse mientras *el otro alguien* se necesita separar. Puede que, ante una discusión, una de las personas necesite dialogar lo antes posible para volver al equilibrio, mientras que la otra persona necesite primero un espacio en el que regularse por su cuenta para luego reconectar.

Esta situación sería algo como lo siguiente:

Persona 1: «Acabamos de discutir y yo no puedo irme a dormir sin resolver lo que está pasando. Me doy cuenta de que tú no quieres hablar conmigo y eso me hace sentir peor, probablemente abandonada/o. Como no hablas conmigo, yo sigo insistiendo». Además, si le introdujéramos una mirada de juicio se vería como: «Nunca eres capaz de hacerte cargo, eres un/a irresponsable».

Persona 2: «Acabamos de discutir y yo no puedo hablar ahora contigo porque estoy muy enfadada/o. Me doy cuenta de que tú no respetas mi espacio y eso me hace sentir peor, probablemente presionada/o. Como no dejas de insistir, yo sigo sin participar». En este caso, la crítica hacia fuera se podría ver como: «¡Qué pesada/o, siempre igual!».

A veces, como quizá en este caso, puede parecer que necesitamos cosas absolutamente opuestas: «Yo necesito hablar, tú necesitas espacio». Pero si lo miramos en términos de necesidades más básicas, probablemente ambas necesitemos cosas parecidas: seguir conectadas para sentir seguridad vincular. Intuitivamente podemos pensar que hablar es permanecer conectadas y no hacerlo es permanecer desconectadas. Sin embargo, hay personas que justo se apartan para regularse buscando que no aumente la desconexión. Si en lugar de pensar: «Yo necesito hablar y tú necesitas no hablar», entendemos que cada una tiende a colocarse en el lugar que más seguro le resulta para mantener el vínculo, no hay un mala o buena acción, sino acciones más o menos adaptativas que nos acercan o nos alejan de nuestra necesidad compartida. (Esto no es aplicable a relaciones de violencia/jerárquicas).

Introducir una mirada tierna hacia una misma y también hacia fuera podría verse así:

Desde la persona 1: «Como tú en este momento no puedes hablar conmigo y yo eso lo vivo como una amenaza, por favor, al menos verbalízalo. En lugar de apartarte y retirarme la palabra, necesitaría que te acercaras a mí y me recordaras que ahora mismo no puedes hablarlo porque necesitas regularte primero, justo para cuidarnos. Expresándome afectuosamente que ahora mismo no puedes hablar, mi necesidad de conexión se ve cuidada por otro medio que no es el de resolver en este preciso instante. Necesito sentirme suficientemente segura/o para que ese tiempo que te tomas no sea demasiado para mí».

Desde la persona 2: «Puedo acercarme a ti para recordarte que vamos a hablar de esto pronto, pero ahora mismo necesito distanciarme de lo que ha ocurrido (de lo que ha ocurrido, no de ti). Igual que yo estoy hablando del no poder resolver ahora, necesito que tú puedas esperar. Respetando que podemos tener tiempos diferentes, me haces sentir más conectado/a a ti en lugar de insuficiente o incapaz».

Lo anterior no da una única solución, pero hace explícito lo que está ocurriendo entre nosotras de una forma amable hacia las necesidades de cada una. Entender por qué una no puede esperar y por qué la otra necesita hacerlo hace más probable que quien no puede esperar espere y que quien no puede hablar hable. Y en esta área, como en tantas otras, es la flexibilidad lo que acaba generando salud vincular. Cuando hacemos más consciente la dinámica que ocurre entre nosotras, es más fácil entender que es algo que *nos* pasa, no algo que *tú* me hagas a *mí*, ni que yo te haga. Ponemos el foco en nosotras como vínculo, y no en la otra persona como ser maligno.

Para mí es importante entender que probablemente, la próxima vez que ocurra un desencuentro, la tendencia sea, en efecto, que ocurra más de lo mismo. La toma de conciencia de ese momento es clave porque es cuando aparece la oportunidad de hacer algo diferente. En el momento en que ves a la otra persona colocándose en *el lugar/rol de siempre*, emerge la posibilidad de preguntarte: «¿En qué lugar me estoy colocando yo?». Entendiendo la idea de que es algo que *nos* pasa y no algo que la otra persona *nos haga*, conquistamos un pequeño poder, que es el de saber que la dinámica puede modificarse desde cualquier vector. En esos momentos en los que ya está ocurriendo lo que siempre ocurre, podemos buscar cuál es ese pequeño cambio que podemos introducir (en primera persona).

Las primeras ocurrencias en momentos de ansiedad no suelen ser muy buenas para generar cambios. Una invitación es a probar con la segunda o tercera idea que aparezca. Cualquier vivencia es un estímulo evocador de experiencias pasadas registradas en nuestras redes neurales. Como ya hemos mencionado, evolutivamente es protector que ante situaciones amenazantes *hagamos lo que sabemos hacer*, es decir, que no improvisemos mucho. Sin embargo, cuando estamos en el proceso de cambiar dinámicas repetitivas, justo lo que necesitamos es un poquito de ese *hacer distinto* para que aparezcan nuevos escenarios.

Cuando observamos e identificamos aquello que naturalmente nos sale hacer en determinadas escenas *de siempre*, nos acercamos a entender (1) el sentido de que esa sea la forma en la que tendemos a responder (sentido protector en nuestra historia vital) y (2) los posibles pasos a seguir para introducir cambios (esto es, conectar con nuestra responsabilidad y poder).

La propuesta es, por lo tanto, recibir la repetición de escenarios de siempre no como un fracaso consumado, sino como un indicador de oportunidad para hacer algo distinto. «Para hacer *yo* algo distinto», no para observar obsesivamente si la otra es quien está haciendo ese algo distinto que prometió.

El camino largo es buscar, en la práctica, que la otra nos dé lo que habíamos acordado. El camino corto es buscar dar nosotras lo que ya sabemos que la otra persona necesita. «Si soy quien habla pero no espera, poner el foco no en si la otra habla, sino en cuánto puedo yo esperar esta vez. Si soy quien no habla, poner el foco no en si la otra persona está dándome mi espacio esta vez, sino en si hay algo que en esta ocasión yo sí pueda decir».

La mirada amable posible es poner el foco en lo que «yo sí puedo cuidar de esta relación hoy, con base en lo negociado». Este será un trabajo en dos direcciones y, por lo tanto, necesita de reciprocidad. Lo anterior no quiere decir que el equilibrio deba ser exacto en cada escena, sino que podamos observar una cierta sintonía, digamos, *en el cómputo global*. En el caso de ser sistemáticamente la que arranca el intento sin que haya iniciativa amorosa por la otra parte, el trato tierno podrá ser, también, no hacernos cargo más. Te invito a revisar a qué dinámicas repetitivas de tu vida es aplicable este ejemplo y cómo sería la fórmula si tuvieras que traducirla a tu escena específica.

EL JUICIO EN LAS RELACIONES

Uno de los aspectos que más fácilmente activa la aparición de enredos es la crítica (interna) o, en forma de crítica externa, el juicio. Juzgamos a las demás personas de forma muy parecida a cómo lo hacemos con nosotras mismas. Aquello que fuimos introyectando afecta no solo a cómo nos tratamos, sino también a cómo somos capaces de tratar a las demás. Es posible que un mismo mensaje interno juicioso pueda activarse tanto para criticarte a ti misma como para criticar a otras. Podemos, literalmente, convertirnos en esa parte que nos agredía a nosotras. Corremos el riesgo de hacerle a las demás personas eso mismo que nos hacían.

«Se activa en mí la parte que critica y tú te conviertes en la parte criticada».

Recuerda que aquello que nos decimos puede venir de fuentes diferentes: «Aquello que me dijeron, aquello que me dieron a atender, aquellas conclusiones a las que yo misma llegué». Será muy fácil que se activen esos mismos juicios —de fuentes diferentes— con las demás personas.

El juicio no necesita de un conflicto abierto para activarse, puede emerger en una escena cotidiana cualquiera. ¿No te pasa que te molestan algunas conductas de personas de tu alrededor que son justo esas conductas que juzgas de ti misma? Si puedes responderte que sí para algún ejemplo concreto, aunque sea pequeño, ya es un gran logro. Solernos evaluar con dureza dificulta reconocernos juzgando a las demás personas, porque eso probablemente implique una nueva valoración negativa de una misma.

«Cuando empieza a comer así, me pone de los nervios». Será mucho más fácil sentirte molesta viendo a alguien comer de forma ansiosa si es algo que te juzgas haciendo tú misma. A mí, por ejemplo, me angustia ver a mi pareja comerse muy rápido las palomitas. Pero, desde luego, me reconozco a mí misma también en ese *comer con prisa*. Así redactado puede resultar un poco absurdo y evidente; sin embargo, son muchas las veces que estamos en ese tipo de escenas sin ver, efectivamente, la obviedad. Cuando lo estamos experimentando, en lugar de claridad, vemos borroso.

«No es tan obvio que te estoy juzgando precisamente por estar juzgándome también. Me creo que mi fuente de angustia es tu comportamiento, en lugar de que, en tu comportamiento, veo eso mismo de lo que yo me intento proteger (en este caso, comerme las palomitas ansiosamente yo también)».

Prestar atención a la forma en la que juzgamos a las demás personas es el primer paso para poder ofrecer un trato alternativo, más cercano a la ternura. Al principio, no se verá como un trato amable, sino como una reparación tierna.

«Te juzgo porque se me escapa, pero me doy cuenta. Además, entiendo de dónde viene, por lo que trataré de no juzgarme demasiado tampoco a mí misma. Darme cuenta me permite repararlo. Me disculpo contigo. Lo veo y te veo. Veo el efecto que tiene en ti que te juzgue de esta manera. También veo que no es justo que lo haga. Cuidaré de hacerlo distinto».

Más adelante, en el mejor de los casos, aspiraremos a no actuar el juicio. Es decir, a darnos cuenta antes de llevarlo a la acción. Podemos cuidar que el juicio sea revisado antes de salir a la realidad. Puedes tomarte un momento, incluso puedes hablar con la persona de lo que pasa por tu mente y reconocerlo como propio.

A veces lo que aparece no es una crítica que podamos relacionar con el juicio que tenemos hacia nosotras mismas, pero sí conecta justo con la herida de la otra. Con frecuencia, nos damos mutuamente justo *donde duele*. ¿A qué me refiero con esto? A aquello que decimos —o hacemos— que impacta en la escena de dolor propia de esa persona. Algo así como que justo le señalamos algo que ya retumba en ella por haber sido experimentado, o que ya fue señalado y que ha podido ser introyectado.

Te pongo un ejemplo personal reciente. Hace poco, a mi pareja le salió decirme de forma espontánea: «¿Por qué no puedes ser más *easygoing*?», que se puede traducir como más flexible o de trato más fácil. Lo que directamente fue traducido por mi mente en: «Eres difícil». Después de eso, vino un dolor muy grande a mí que no estaba ajustado a lo que él me estaba diciendo exactamente. Lo que él me pedía en ese momento era que ojalá yo fuera capaz de decir que sí rápidamente a un plan que me estaba proponiendo, sin darle vueltas y sin complicaciones. Desde su niño me estaba diciendo algo así como: «Pero ¿por qué no podemos jugar?». Y cuando dijo esa palabra, nos enredamos. Fue un disparador fisiológico para mí. En ese momento, me desregulé y perdí el contacto emocional con él. Ya no me importaba lo que dijera a continuación.

Otras veces, el lío se retuerce aún más con lo siguiente: tratarnos duramente no solo nos hace juzgar también a los demás, sino que nos hace imaginar que ese juicio hacia nosotras existe de igual manera *dentro de los demás*. Lo anterior quiere decir que la mirada que esperemos de vuelta también tendrá que ver con nuestra propia mirada.

«Me juzgo, te juzgo y juzgo que me juzgas».

Si te acercas un poco, esto tiene mucho sentido. Aprendemos a mirar sobre la base de cómo hemos sido miradas. Por otro lado, aprendemos a esperar ser miradas y tratadas también como hemos sido miradas y tratadas en el pasado.

HONESTIDAD Y ACUERDOS

Las relaciones necesitan de un ejercicio de honestidad muy grande para salir de las dinámicas típicas y de enredos como los anteriores. Los vínculos, en general, son una maraña tremenda. En lo cotidiano, en lo invisible y en lo hondo. Nos enredamos de forma constante y se necesitan de dos personas para deshacer nudos. Que no quiere decir para colocarlos. Es decir, podemos colocar e integrar una escena dolorosa por nuestra cuenta si la otra persona decide no hacerse cargo. Sin embargo, para poder sostener las relaciones en el tiempo con intimidad suficiente, necesitamos poder compartir lo que está ocurriendo entre nosotras y establecer un compromiso mutuo.

Para comprender los enredos en los que nos vemos envueltas, necesitamos palabras. Cuando hablamos de lo que nos duele o nos dolió, no nos aseguramos cambios en las dinámicas, pero sí nos ofrecemos la oportunidad. Si, a pesar de hablar con claridad, los cambios no llegan, la propia experiencia de pedir y no recibir podrá facilitarnos la puesta de límites. En cambio, cuando callamos lo que nos duele, nos quitamos a nosotras mismas la oportunidad de cambio y de reparación. Claro que si lo que te sale es no decir es porque tiene un sentido en tu historia: ¿cuándo dejar de decir se convirtió en un intento de solución a un contexto en el que decir no cabía?

También necesitamos estar dispuestas a escuchar las palabras que otras personas tengan para decirnos (siempre con condiciones de amor y respeto). Cuando nos cerramos a escuchar lo que duele a otras personas, las privamos también de una posible reparación y de los cambios profundos que podrían abrirse en la relación concreta.

Poder estar abiertas a lo que otras personas quieran decirnos necesita de tratarnos con cariño. Será muy difícil que puedas escuchar aquello que ha dañado a la otra persona sobre tu forma de actuar, si eso dispara un juicio interno violento hacia quien eres.

«Si llego tarde, soy una irresponsable».

«Si no te tengo en cuenta, soy una egoísta».

«Si te he metido prisa, soy una impaciente».

Cuando la otra persona te señala algo que no le ha gustado de lo que has hecho, se abre la posibilidad de que la próxima vez puedas hacer algo diferente. Sin embargo, si te criticas por identificarte con la etiqueta que se deriva de esa acción, va a ser muy difícil que puedas reconocer el daño que has podido causar. No podemos atender a la otra persona si nos tenemos que defender de la etiqueta que nos colocamos encima al reconocer su dolor. Solo podremos reparar el daño si antes nos permitimos mirar que eso que a veces hacemos no es lo que somos; es solo una parte, de la que, además, podemos hacernos cargo.

Por ejemplo: «Me siento culpable por haber roto accidentalmente tu guitarra. Es normal que me sienta así porque sé que es muy importante para ti. Esto no me convierte en la persona más torpe del mundo. Aun así soy consciente de que podría haber tenido más cuidado. Llevaré la guitarra a arreglar lo antes posible para traértela de vuelta». En esta situación, la persona en cuestión siente una culpa coherente con el acto, tanto en naturaleza como en intensidad, y eso le permite responsabilizarse y dar una respuesta adecuada de reparación.

Otras dos formas en las que podría verse esa misma escena serían:

1. **Voz crítica:** «Siempre rompo todo lo que toco. No debería haber cogido la guitarra. No vas a querer dejarme tocar nada más importante para ti. Me lo merezco. No merezco que me dejes nada nunca más». En esa escena, la persona no está pudiendo volver a un estado de equilibrio interno por su cuenta, y eso le impide responsabilizarse correctamente del accidente.

2. **Juicio externo:** «¿Cómo se te ocurre darme así la guitarra? No es mi culpa que no te hayas asegurado de que estaba en mis manos cuando la has soltado. Tanto que te importa supuestamente la guitarra y luego te la cargas soltándola de esa manera».

En la segunda reacción, la persona tampoco puede regularse por su cuenta e, intentando escapar de la culpa que siente, coloca en la otra la responsabilidad. De esta forma tampoco podrá hacerse cargo de sus actos y reparar en la medida de lo posible.

Para poder sostener la culpa que se deriva de los errores que cometemos y hacernos cargo de forma responsable, necesitamos podernos tratar con amor. La culpa adaptativa es aquella que es coherente con la escena específica en cuanto a que *es la emoción que pega* en cualidad e intensidad.

Aunque al redactarlo lo haya separado en escenas diferentes, ambas podrían darse de forma simultánea. Podría activarse la crítica feroz dentro de la persona que ha roto accidentalmente la guitarra, lo que la podría conectar con esa parte infantil propia que se siente torpe e incapaz, concluyendo que rompe todo lo que toca, y, a la vez, podría resolver la escena colocando el juicio externamente en un intento de escapar de su malestar.

Por otro lado, por supuesto, merecemos que las personas con las que nos relacionamos tengan la capacidad de poder reparar sin necesitar constantemente una petición explícita. Y al revés, el resto de personas también merecen que nos interesemos por el impacto que tiene en ellas la forma en que las tratamos, sin que nos lo tengan que decir siempre de forma directa. En lenguaje de la mente sería algo así como que *merecemos podernos mentalizar mutuamente de forma ajustada* (imaginar con cierta probabilidad de acierto los estados mentales de la otra persona). Sin embargo, muchas veces vamos a necesitar explicitarlo para que la otra lo pueda sostener, y ambas partes seremos responsables de que exista comunicación al respecto.

Es un acto de honestidad en dos direcciones: «Por un lado, hago un ejercicio de honestidad al compartirte lo que hay dentro de mí en cuanto a nuestra relación. Por otro lado, repito el ejercicio de honestidad al estar abierta a recibir también eso que tú tienes para decirme sobre nuestra relación, a la vez que me dispongo a hacerme cargo de aquello con lo que me encuentre de mí misma al escucharte».

Y es un acto de honestidad que necesita llevarnos *a algo*. Es importante que, entre nosotras, podamos establecer acuerdos. A medida que nos vamos conociendo y profundizamos en la relación que sea, lo suyo es que podamos ir ganando músculo vincular. Es decir, que vayamos conociendo cada vez mejor cómo es cada una, con su historia correspondiente, y cómo eso genera un entramado vincular específico entre nosotras para el que necesitamos acuerdos concretos.

Los acuerdos pueden ser todo lo literales que necesitemos. Entre otras cosas, será importante pensar juntas cómo llevarnos de vuelta a un estado de equilibrio cuando nos salimos de ahí. Algo así como la forma de volver a la ventana de tolerancia vincular cuando algo nos arrastra fuera de ella. Y también, aprender a identificar quién de las dos tiene más capacidad para arrancar ese camino de vuelta en cada momento específico. Tiene que ver con considerarnos a ambas y, en este considerarnos, saber que no siempre vamos a necesitar las mismas cosas por lo que, en algunos momentos, vamos a tener que flexibilizar el orden en el que nuestras necesidades sean atendidas.

PODERNOS REÍR

Además de todo lo anterior, no podemos olvidarnos del humor. El humor en una discusión no siempre es burla. A veces es algo tierno que rompe la dinámica en la que la otra persona se ha convertido en enemiga. «Me río de algo que observo en ti o en nosotras sin ridiculizarte. Me río de una forma en la que tú puedes seguir sintiéndote querida».

¿Podemos reírnos en una discusión de una forma que resulte segura para la otra persona? Yo digo que sí. El trabajo entonces es cómo tolerar —y dejar entrar— el humor tierno cuando, en nuestra historia, al humor le siguió el desprecio. Y al revés, cómo ofrecer la ternura también desde el humor, sin que active lo rechazante que existió en la vida de la otra.

Asegurando la relación primero siempre. El humor cuida, pienso, cuando hay seguridad base. Usamos el humor para salir del juego relacional en el que estamos. Sin seguridad, no nos podemos reír. Sin ella, la broma formará parte del atrapamiento mismo y probablemente sirva para alimentarlo.

11

El futuro posible

Para poder mirar hacia delante en la vida, necesitamos de cierta esperanza puesta allí, en ese *delante*. Cuando no existe un mínimo de aliento, en concreto, cierta amabilidad puesta en el futuro, lo esperable es que desaparezcan las ganas de vivir. Para querer vivir, necesitamos la capacidad de imaginar que hay cosas suficientemente dignas de ser vividas esperándonos (a nosotras o a personas significativas). Vivir en sí mismo no tiene por qué tener sentido, pero, para poder hacerlo, sí necesitamos encontrar un sentido a la propia vida.[25]

Asomarnos al futuro con una mirada amable nos permite acercarnos a nuestras necesidades presentes e imaginar los caminos posibles en los que esa vida anhelada pueda existir. Es ese futuro potencial en el que encontrarnos que parte de las conclusiones dolorosas a las que hemos llegado a lo largo de la vida pueden ser desconfirmadas.

Cuanto más responda esa idea de futuro a la satisfacción de necesidades primarias —y no sustitutas—, más posible será acercarnos a una vida que se sienta dentro como suficientemente buena y digna de vivirse. Es evidente que, para que lo anterior sea posible, nuestras necesidades físicas deben estar cubiertas primero: un techo bajo el que vivir, acceso a comida y descanso, una red de apoyo suficiente y estar a salvo.

Amabilidad hacia delante

La forma de mirar también se contagia hacia el futuro posible que imaginamos para nosotras. Esto significa que el modo en que nos contemos nuestro mundo influirá en el mundo que nos sintamos capaces de construir. Una mirada que devalúa todo aquello que te rodea también te devalúa a ti misma y a la imagen que tienes de tu capacidad para construir una vida en la que tus necesidades estén cubiertas. Lo anterior no quiere decir que haya que negar los aspectos señalables como negativos o insuficientes en tu vida, a veces verdaderas tragedias. Tiene más que ver con la idea de si hay aspectos valiosos que puedes ver. Incluso dimensiones rescatables sobre aquello que sí puedes hacer. En el fondo, componentes de la realidad que puedan conectarte con la esperanza. Algo así como la amabilidad puesta en el futuro posible para ti.

Sentirnos incapaces de construir una vida en la que nuestras necesidades estén cubiertas conecta con la desesperanza profunda que nos lleva a su vez a la inacción.

Y, en efecto, la inacción hace que esa vida en la que nuestras necesidades sí puede que tengan la posibilidad de verse cubiertas no exista. Por lo tanto, entrenar una mirada amable hacia tu mundo repercutirá en tu salud mental y en el poder de influencia y de cambio que sientas con respecto a él. Para que esto sea posible, es importante no olvidarnos de que, sea cual sea la mirada que haya primado hasta ahora, tiene un sentido en tu historia. Revisar el impacto que tiene en tu vida tu forma de mirarla solo nos sirve si, de nuevo, nos acercamos a mirarlo tiernamente.

Todo esto sonaría muy culpabilizador si lo dejáramos aquí. Como si dependiera exclusivamente de ti *currarte una mirada amable hacia delante.* Si lo que te acabo de contar te genera más culpa que esperanza, no me hagas mucho caso. Depende del momento en el que leas esto, puede sonar desalentador o, en cambio, esperanzador. Por eso quiero contarte una escena con una paciente muy querida en terapia. Para representar la idea de cómo esa supuesta amabilidad puesta en el futuro, desde la más absoluta soledad, sería un objetivo fantasioso e irreal. Para esta amabilidad hacia delante necesitamos alguna mano tendida, una red de apoyo —¡alguien!— que nos recuerde que estamos sostenidas. Una mirada amable puede ser suficiente. Si te hace falta, espero que este libro pueda ser esa mirada amable para ti.

UNA MIRADA AMABLE EN TERAPIA

S. apareció en sesión completamente desvitalizada (sin energía, apática). Después de muchos años, había conseguido salir de la casa familiar en la que vivía con sus dos gatos. El primer día no pudo llevárselo todo, así que a los pocos días tuvo que volver a por los gatos y sus cosas. Al llegar, la puerta estaba forzada, todo estaba por los suelos, los gatos se habían escapado, habían cortado el cable de la luz… La semana anterior había ilusión en S. por la vida que comenzaba. Ese día había desesperanza absoluta, desolación y ganas de morir. Esa escena la reconectó con la conclusión interna —de toda una vida de violencia— de que *no había otra vida posible para ella.*

S. comenzó a hablarme de lo desgraciada que se vivía y de cómo se sentía más cerca que nunca de quitarse la vida. En ese momento, mientras iba escuchando todo su dolor reactivado por esa escena retraumatizante, yo sentí unas ganas muy grandes de llorar. Tanto que no pude no hacerlo. Además, no encontraba ningún motivo terapéutico que me hiciera intentar ocultar que escuchar su dolor me dolía a mí también.

«S., cariño, sé que tienes motivos más que de sobra para quererte morir. Y sé también que decidir morirte forma parte de tu libertad ante toda la violencia a la que has sido sometida injustamente a lo largo de toda tu vida. Entiendo que no le veas sentido a la vida y que por ello te imagines acabando con ella. Lloro por todo lo que me entristece pensar en tu muerte y lloro por el futuro emergente que yo sí imagino para ti. Creo, de corazón, que otra vida para ti es posible».

Hasta ese momento no había visto a S. llorar así. Se emocionó conmigo.

Yo me quedé muy preocupada y algo desconcertada con la sesión. Había vínculo suficiente entre nosotras para saber que la vería en la próxima sesión, pero no sabía hasta qué punto podría estar entrando en una desesperanza existencial que pudiera llevarla realmente a poner en riesgo su vida.

En la siguiente sesión, algo había cambiado en S. Me habló de lo mucho que había significado para ella que yo me emocionara con su sufrimiento la semana anterior (como me emociono ahora escribiendo esto). Trajo también las partes de su vida amables con las que ese momento juntas la había conectado. Lo que le dije tuvo ese efecto porque eso existía en nuestra relación. Ella sabía que yo imaginaba de verdad otra vida posible para ella. No es que lo fantaseara, es que lo veía completamente posible con base en sus recursos internos. Si no hubiera sido un sentir genuino, no se lo podría haber dicho. Y de haberlo hecho, no habría tenido un efecto esperanzador en ella. Tuvo un efecto porque era verdad.

A veces, para poder activar esa amabilidad hacia delante, necesitamos de una mirada amable hacia nuestro futuro que alguien que nos quiera nos pueda prestar. Necesitamos una mirada honesta prestada que nos recuerde:

«Sé que en este momento la posibilidad de una vida más amable no es visible para ti. Yo sí la veo; yo sí te veo. Y, en el camino, vamos juntas».

INTUICIÓN Y DIRECCIÓN

En ese recorrido, además de necesitar de otras que puedan acompañarte, hay algo más que necesitas y que te acompaña desde dentro. Es ese algo dentro de ti que *sabe* antes de que tu mente pueda explicar eso que sabe. A veces intuimos algo y no sabemos necesariamente qué es de forma lógica, pero al mismo tiempo no dejamos de saber. Me refiero a esa parte intuitiva de ti que se guía por sensaciones, movimientos internos. Esa que se deja llevar por aquello que capta la atención, por aquella conclusión que aparece con claridad en un momento de calma. Es esa energía que nos permite conocer de forma directa, sin recurrir a esos saberes antiguos que nacen de la angustia y que tienen más que ver con las introyecciones. Son saberes tranquilos. Otra cosa es que, después, esa toma de conciencia pueda generarnos angustia. Pero no es una conclusión o un deseo de movimiento al que llegamos desde un estado de desregulación. Es ese *algo* que, desde la tranquilidad, puede detectar el siguiente movimiento, aunque no necesariamente lo pueda argumentar. Es esa parte que sabe hacia donde necesita ir para crecer.

La intuición es una forma de conocimiento. Una especie de indicador de dirección desde esa ventana al futuro en general, pero sobre todo hacia ese futuro específico que está justo enfrente. En otras palabras, es ese saber que nos orienta desde dentro hacia lo próximo, lo inmediato que se abre muy cerca del ahora. No siempre, o pocas veces, tiene un plan a largo plazo. Más bien se va revelando en los pequeños próximos pasos. Ahí se encuentra el deseo auténtico. Ese que nos posibilita acercarnos a la vida que tiene sentido para cada una de nosotras.

Los sueños son el lugar por excelencia en el que eso intuitivo emerge. Esas verdades inconscientes que aún no son conscientes del todo y que empujan hacia arriba. Si empiezas a apuntar tus sueños de forma sistemática, verás que muchas veces *saben antes de que sepas*. Esto, claro, no es descifrable en el momento exacto; puede que no entiendas qué es eso que el sueño supuestamente sabe. Pero con el tiempo, si sigues volviendo a ellos, podrás observar que ya había información emergiendo. En terapia, los utilizamos como herramienta terapéutica. Nos hacemos hipótesis acerca del sentido del sueño específico que una trae y sobre aquello que dice de la propia vida. Nunca de forma genérica («si sueñas con un caballo blanco es que...»), siempre de forma específica.

OTRO FRAGMENTO DE MUNDO ONÍRICO PROPIO

Recuerdo un sueño que tuve poco tiempo antes de romper la relación con la que había sido mi pareja durante muchos años, a quien, por supuesto, quería mucho. Entraba en un hospital en el que un médico me decía que me tenía que cortar la pierna, porque, si no, moriría. Yo me miraba la pierna y, dentro de la carne, en lugar de hueso, había una especie de pierna robótica. Me asustaba profundamente y entraba a quirófano sin saber si me iban a poder cortar la pierna o si me iba a morir. En ese momento de la vida, acostumbraba a registrar siempre mis sueños, de forma que lo apunté extrañada sin entender mucho y asociándolo vagamente a un dolor de rodilla.

En ese tiempo emergió de pronto en mí, de forma drástica, la idea de terminar con mi relación. Hacía tiempo que sentía que ambos necesitábamos cosas diferentes del estar en pareja y, de repente, supe que no podía desconsiderarlo más. Ya no podía dejar de verlo, pero solo pensarlo se sentía como cortarme un brazo. Entonces, el sueño de la pierna de unas semanas atrás vino a mi mente. Algo en mí ya sabía. Lo que yo sentí como algo que emergía de pronto fue un largo proceso de duelo interno ante lo que mi relación de ese momento nunca sería. Yo ya me había estado despidiendo, pero de forma consciente no lo sabía.

Mi forma de salir de la relación acabó siendo, literalmente, como cortarme esa pierna: de golpe y rápidamente. Y después no quedó nada. Desde luego, al mirar hacia atrás, me gustaría que hubiera podido ser de otra manera. La que entonces era mi pareja no se merecía esa ruptura drástica y repentina. Sin embargo, hoy en día, sigo sin saber cuál hubiera sido esa otra forma. Dentro de mí la sensación era de *ahora o nunca.* Lo que se sentía a su vez como *cortarse la pierna o morir.*

Reconocer tu propia evolución

Otro aspecto esencial en esta ventana al futuro es el reconocimiento de la propia evolución. En cada momento hay pequeñas novedades que indican transformación. Levantarte, lavarte la cara y vestirte para tu primera clase de yoga es evolución, aunque al final no vayas. También puede serlo imaginarte pensando una alternativa de actuación en una escena de siempre, a pesar de que no actúes aún de forma distinta. Puede ser tener más conciencia sobre cómo se encuentra tu cuerpo en un momento dado. Puede ser prácticamente cualquier cosa.

El reconocimiento de la propia evolución tiene que ver con ser capaz de ver aquello nuevo que emerge en ti. Todo eso que estás pudiendo hacer necesita ser visto, como poco, por ti misma. Imagina una niña a la que prestan atención. Tiene unas figuras de referencia que se dan cuenta de cada pequeño progreso que va haciendo. Pueden ver todo aquello nuevo que aparece en su desarrollo: cada intento de introducir una nueva palabra, cada *minihabilidad* desbloqueada, cada gesto espontáneo... No pasa desapercibida. Su evolución tiene testigos.

El trabajo es acercarnos a ser para una misma esa figura de referencia atenta que puede ver con cariño todo aquello que estamos intentando y, a veces, logrando. Es esa mirada que no te pide que te quedes sistemáticamente en el mismo lugar, sin moverte. No exige de ti un compromiso con la forma, ni lealtad a tus modos de funcionamiento. Es flexible y eso mismo es lo que te da: permiso para seguir experimentando. Es tolerante con tus movimientos. Puede apreciarlos y valorarlos como una fuente de crecimiento. Eso implica que también te deja cambiar de opinión y te acompaña en la toma de decisiones. Lee el movimiento como parte de la vida y te ayuda a alimentarlo. A la vez, te da la mano en las consecuencias de esas decisiones y también de esos cambios de opinión. No te devuelve una mirada distorsionada o utópica de ninguna de las dos. Sabe que ambas tienen partes difíciles, dolorosas, elementos a despedir, pero también otros de los que responsabilizarse. Es esa figura capaz de dar a tu propia evolución la importancia que merece.

Te invito a entrenar la curiosidad ante aquello nuevo y diminuto que consigues a diario y que señala el camino por el que te imaginas avanzando. Siempre está. ¡Y aquí incluimos lo nuevo que ocurre en nuestras relaciones! Lo que marca la diferencia es si recibe atención y permiso, ya sea porque tú misma puedas atenderlo o porque una mirada externa te lo pueda reflejar. Este juego que te propongo para llevarte es el de ir en búsqueda de todo eso nuevo que ocurre, que ya es movimiento en la dirección de aquello que deseas o necesitas.

Punto y seguido

Gracias, de corazón, por haberme acompañado hasta aquí. Escribirte ha sido y es muy importante para mí.

Para terminar, diré que tratarnos con ternura pasa por podernos reconocer, aceptar lo somos, responsabilizarnos de lo que corresponda, confiar en nuestro mundo interno y salir a la vida. Deseo que, al ritmo que necesites, puedas salir al encuentro de las relaciones y el mundo, preparada para amar y tratar con ternura. También preparada para ser amada y tratada con ternura de vuelta. Sin olvidar que ese lugar cercano a la propia potencia es donde descansa el verdadero trato tierno, ese que está vivo.

Una vida más amable es posible.

Una vida conectada a tu potencia, también.

Es muy probable que tu forma tierna de tratar —esa forma en la que tú te sientes cómoda— se parezca en algunas cosas a lo que te he ido contando y difiera en otras. Si eso ocurre, será una buena noticia. Habrá suficiente apertura en ti como para dejar entrar algunas de las reflexiones que aquí te he ofrecido, a la vez que existirá, también, suficiente conexión contigo misma como para saber qué cosas no son para ti ahora (o quizá nunca). Por lo tanto, recuerda: todo lo que has leído hasta aquí es solo una invitación. Coge lo que te sirva y suelta todo lo demás.

Una mirada amable, entonces. No *la* mirada amable. La mirada amable no existe. Tampoco tendría sentido perseguirla. El mundo no necesita de más personas siguiendo a otras en lo que se supone que hay que hacer, o en cómo supuestamente hay que existir. Esta es solo una mirada amable más, ojalá tú puedas ir encontrando la tuya propia.

El agosto en que tenía que escribir este libro murió mi abuela materna. En sus palabras, «todos nos tenemos que ir, aquí nadie se queda». Este libro está dedicado a ella, mi abuela María. No quería a mucha gente, nos quería a unos pocos. Sin embargo, quien pasaba tiempo con ella se sentía muy querida. El amor y el buen trato no tienen que estar en lo importantes que son las personas para nosotras, sino en lo importantes que somos todas las personas solo por existir.

Una mirada amable para una misma y, por favor, para las otras. Para dejar de ubicarlas como completamente malas o indignas de amor. Ojalá lográramos coordinarnos no para cancelar a las personas, sino para poderlas querer; y juntas, tratar de impulsar la vida.

Construir un mundo más amable entre todas pasa por revisar la propia mirada. Gracias por haberte atrevido a asomarte a esta realidad conmigo, esa que busca recuperar la mirada humana. La mirada humana y amable de cada una.

Por último, con el deseo de que esta despedida no sea del todo *el final*, quiero regalarte un audio pensado para ayudarte a activar tu propia mirada amable. Puedes encontrarlo en: <mariameizosopsicologia.com/audioUMA>.

Agradecimientos[26]

A todas las personas que me han regalado alguna vez una mirada amable. Sé de la ternura experiencialmente. Solo así puedo acercarme a hablar de ella. He podido escribir este libro gracias a todas las personas que alguna vez me han hecho sentir vista, valorada y respetada. Os quiero a todas.

A Vero, por haberme acompañado a poder mirarme y pensarme a mí misma durante tantos años y hacerme, en terapia, sentir tan querida.

A Lucía, por ayudarme —con tanta ternura y firmeza— a recuperar mi salud, requisito imprescindible para mirar amable.

A Elena, por activar en mí el verdadero amor por la psicoterapia y ofrecerme un marco desde el que acercarme a mi propia manera clínica de mirar.

A todas quienes siempre me habéis leído y habéis mostrado interés por mi mirada.

A mi familia, mis amigas y mi compañero de vida. Por enternecer mi corazón. La vida tiene sentido porque existís

—o habéis existido—. Acompaño terapéuticamente para que la experiencia de sentirse sostenida y a salvo exista también para otras.

A la vida, con tantos —¿demasiados?— privilegios que me hará vivir siempre en deuda amable con respecto a las demás.

Notas

1. Sílvia Pérez Cruz incluye estos versos del poema de Pablo Messiez, escrito para el espectáculo *Farsa* (2020), en el principio de la canción «Nombrar es imposible», compuesta por ella misma y publicada en el álbum *Toda la vida, un día* (2023).

2. Kristin Neff, *Sé amable contigo mismo: el arte de la compasión hacia uno mismo*, Barcelona, Oniro, 2012.

3. Donald W. Winnicott, *El proceso de maduración en el niño. Estudios para una teoría del desarrollo emocional*, Barcelona, Laia, 1965.

4. Hanna Segal, *Introducción a la obra de Melanie Klein*, Buenos Aires, Paidós, 1973.

5. Richard G. Erskine, *Theories and Methods of an Integrative Transactional Analysis: a Volume of Selected Articles*, San Francisco, TA Press, 1997.

6. Winnicott, *El proceso de maduración en el niño*, *op. cit.*

7. Anthony Bateman, Peter Fonagy, *Mentalization-Based Treatment for Personality Disorders: A Practical Guide*, Oxford, Oxford University Press, 2006.

8. John Bowlby, *El apego y la pérdida*, Barcelona, Paidós, 1993.

9. David S. Chester *et al.*, «The optimal calibration hypothesis: how life history modulates the brain's social pain network», *Frontiers in Evolutionary Neuroscience*, vol. 4 (2012), DOI: <10.3389/fnevo.2012.00010>

10. «Inyectar/inyecciones» no son términos académicos, sino que utilizo estas palabras a modo de metáfora.

11. Nancy McWilliams, *Psychoanalytic Psychotherapy: A Practitioner's Guide*, Nueva York, Guilford Press, 2004.

12. Daniel N. Stern, *El mundo interpersonal del infante: una perspectiva desde el psicoanálisis y la psicología evolutiva*, Barcelona, Paidós, 1991.

13. Javier Hugo Martín Holgado fue mi profesor en la universidad en tres asignaturas diferentes, entre la carrera y el máster, y también el tutor de mi trabajo de fin de grado. Siempre me sentí muy valorada y apreciada por él. Tenerme en buena estima a mí misma como psicóloga tiene mucho que ver con su mirada amable.

14. Edward L. Deci, Richard M. Ryan, «Self-Determination Theory», en Paul A. M. Van Lange *et al.*, eds., *Handbook of Theories of Social Psychology*, vol. 1, Londres, SAGE Publications, 2012, pp. 416-437.

15. Leslie S. Greenberg, *Emociones: una guía interna*, Bilbao, Desclée De Brouwer, 2014.

16. Stephen W. Porges, *La teoría polivagal. Fundamentos neurofisiológicos de las emociones, el apego, la comunicación y la autorregulación*, Madrid, Pléyades, 2017.

17. Daniel J. Siegel, *La mente en desarrollo. Cómo interactúan las relaciones y el cerebro para modelar nuestro ser*, Bilbao, Desclée De Brouwer, 2012.

18. Grant S. Shields, Wesley G. Moons y George M. Slavich, «Inflammation, self-regulation, and health: An immunologic model of self-regulatory failure», *Perspectives on Psychological Science*, vol. 12, n.º 4, 2017, pp. 588–612.

19. Timothy J. Strauman, Anne M. Lemieux y Clive L. Coe, «Self-discrepancy and natural killer cell activity: Immunological consequences of negative self-evaluation», *Journal of Personality and Social Psychology*, vol. 64, n.º 6, 1993, pp. 1042–1052.

20. Daniel Kahneman, *Pensar rápido, pensar despacio*, Barcelona, Debate, 2011.

21. Jean Piaget, *El lenguaje y el pensamiento en el niño*, Madrid, Morata, 1978.

22. Mary D. Salter Ainsworth, Mary C. Blehar, Everett Waters y Sally Wall, *Patterns of Attachment: A Psychological Study of the Strange Situation*, Hillsdale, Lawrence Erlbaum Associates, 1978.

23. Neff, *Sé amable contigo mismo, op. cit.*

24. Jessica Benjamin, *Reconocimiento mutuo: La intersubjetividad y el Tercero*, Lima, Espacio Gradiva, 2020.

25. Viktor E. Frankl, *El hombre en busca de sentido*, Barcelona, Herder, 2015.

26. Verónica Medina, Lucía Ema Llorente y Elena Martín de Hervás.